愛せるキッチン、愛する暮らし

50代からの
私らしい住まいと暮らし方

リブコンテンツ
田原由紀子

光文社

これまでの20年、これからの20年

「私も50歳になったので……」。
この言葉から始まるリフォームのご相談が、ここ数年増えたように感じます。
私自身が50代に突入したから、印象に残るのかもしれません。
２０２０年という年は、私が23歳から働き始めて30年強、
そして30代でスタートしたオーダーキッチンとリフォームを手がける会社、
リブコンテンツが創業20周年を迎える区切りの年です。

50代以降の誰もが感じることだと思いますが、
これまでの20年、本当にあっという間でした。
そしてきっとこれからの20年は、もっと早く、
もっともっと早く時間が経つのだということも十分わかっていて、
楽しみと、少しの焦りと、ほんの少しのあきらめとが入り混じった思いが、
ふつふつと湧いてきているのを感じる毎日です。
20年後の自分はどうなっているんだろう、どうなっていたいんだろう。
そんなことを考え始める年齢に差しかかってきたように思います。
（30～40代のスタッフには、「遅くないですか？」と言われそうですが）

昔と違って、50代といえばまだまだ若々しく元気な世代。
それどころか、私たちのお客さまには、若々しくて素敵なセンスを持ち、
毎日を楽しんでいる60代、70代の方々がたくさんいらっしゃいます。
そんな方々の暮らしぶりを紐解きながら、
お客さまとのエピソードや私の思いを綴ることで、これまでと、
そしてこれからの私たちの暮らしのヒントが手に入る本をつくることができたら。
同い年の編集者、田村さんとそんな話をしたのが、お互い50代を迎える頃でした。

これからの人生は、たぶん今までよりは残り少ない、
でももしかしたら、今までよりさらに充実した人生になるかもしれない。
その充実の日々を、自分らしい空間に囲まれて過ごす快適さ、
そしてその大切さを伝える一冊にできたら。
そんな快適さと大切さを、きっと同年代であろう、そして少し先輩、
もしかしたら少し後輩であろう、
読者の皆さんと共有できたら、うれしく思います。

Contents

Part 1　実例編

大人世代のキッチンリフォーム
5軒のストーリー

story 1 青木和子さん

自分のスタンダードを
バージョンアップ
していく幸せ

大きく変える必要がない、だからこそ難しい

いつ伺っても、凛とした空気感にすっと背筋が伸び、同時にリラックスして自然と笑顔になる……。刺繍デザイナーの青木和子さんが30年以上暮らすのは、そんな家です。

　家がガラッと変わることで、暮らしも変わっていく。そんなリフォームをたくさん手がけてきましたが、青木さんのお宅は、その対極とも言えるお仕事でした。

「今の家に満足しているから、きっとリフォームは大変そうだね」。キッチンや洗面室など水回りのリフォームを考え始めたとき、青木さん一家はそう話していたそう。キッチンリフォームの5年後に、寝室など2度めのリフォームが完成。今回の撮影でおじゃまして初めて当時の本音を伺いましたが、その言葉に心から納得。長年ご自身のセンスで素敵に暮らしてきて、変えたいところがない。最初の打ち合わせでキッチンの下見に伺った際、プロの私たちから見ても「変える必要あるのかな？」と思ってしまったほどでした。

　それでも、当時はすでに築27年。変える必要がないとはいえ、さすがに壁や扉はくすんできて、引き出しが開きにくいなどの不具合も。ベージュと木の組み合わせだった収納扉も「シンプルな白がいいな」と思い始めたそう。そこで、使いやすいレ

窓に面したキッチンは、立っているだけで気持ちが華やぎます。庭に咲く花をさりげなく飾って。

イアウトや収納プランはそのままに、素材をリニューアルすることになりました。

プランを変えないなら、素材や壁のタイルを選ぶだけで、打ち合わせも少なくてすむのでは？　いえ、とんでもない。無数にある「白」、シンプルなタイルの中から、青木さんらしい「これだ！」というものを選び出す過程は、生みの苦しみそのもの。「特別なことはいらない。普通でいいのよ。普通に素敵なもので」「それが一番大変なんです……」。担当スタッフも何度も苦笑いしつつ、時間をかけて楽しみながら、打ち合わせを進めました。

お子さんが小さい頃は便利だった大きな開口。仕事の来客が増え、キッチンが丸見えなのが気になってきて、一部にガラスの建具を入れました。見える光景は同じなのに仕切られた印象に。

上／全体のイメージは、北欧食器の定番ブランド「イッタラ」の「ティーマ」の白。1981年から変わらないデザインは、青木さんの言う「スタンダード」そのもの。世界にただ一つの白いキッチンです。
下／明るい窓が印象的な洗面室は、キッチンとおそろいの収納扉で。キッチンと浴室の間のユーティリティの床は、機能的なコルクタイルに。スロップシンクも備えた充実の空間は、暮らしを裏で支える頼もしい存在です。

身の丈に合ったものを大切にして暮らす

季節の花が咲き乱れる庭。一つ一つの樹の種類や高さにまでこだわる、青木さんの美意識が感じられます。

青木さんの言う「普通」は、いわゆる「スタンダード」。時代の先端を行く素材や、奇をてらったデザインとは無縁の、細部までさりげなく、でもとことんデザインされた、長年愛されてきたもの。ファッションの世界ほどではないにしても、流行りすたりのあるインテリアの世界で、ずっと残っていくものは多くはないのです。

「スタンダードなものっていいわよね」。そうおっしゃる青木さんの暮らしそのものが、まさに「スタンダード」だと感じさせてくれます。

インテリアと暮らしに対するその価値観は、どこで培われたものなのでしょう。青木さんは、20代半ばの1年間、スウェーデンで過ごしたことが大きいと言います。当時、日本でもいわゆる「北欧デザイン」には触れることができましたが、海を渡って届く表面的な北欧デザインではなく、現地で実際に普通の人の日常、普通の暮らしの中に生きる北欧デザインに触れたことは、全く違う体験だったそう。素材感、色、形、全て身の丈に合ったものを大切にして暮らしたい、そう思うようになったのだそうです。

身の丈に合ったスタンダード、揺るぎない美意識に裏打ちされたもの選び。そのベースには、若い頃に暮らした北欧の普通の人々の暮らし方の影響が。選び抜いた白い空間に、庭の緑やお気に入りの器のブルーが映えます。

右／手作りのリネンカーテンが印象的な陰影をつくります。左／「四角くてシンプルな白」。スイッチの色や形にも青木さんならではのこだわりが。

右／印象的なスツールは、デンマークの知人のお父様のデザイン。左／美大の同級生製作の姿見が今も現役で活躍。「彼は木工専攻。私はテキスタイル専攻だからソファカバーを頼まれて」。

2度目のリフォームのメインはヘリンボーン張りの寝室の床。ナチュラルなオーク材を選んで、
シンプルでさりげない印象に仕上がりました。

ベッド周りにも暮らしを楽しむ工夫が。足元に置かれたスニーカーは「地震で逃げるとき用」。災害への備えすら素敵なインテリアに。

スタンダードを バージョンアップする年代

1度目のリフォームが終わったときに「60歳までにリフォームしたかったの。なんとか間に合ってよかった」とおっしゃっていましたが、その5年後には寝室やクローゼットを、その後、庭やガレージもリフォームされた青木さん。これからの暮らしは、どんなイメージなのでしょうか。

「これでようやく、肩の荷が下りたかな。頭の隅で気になっていることがなくなって、これからゆっくり過ごせそうです」。

60歳からリフォームを始めたきっかけを伺うと、

「気力や体力がなくなる前に、と思ってたんだけど、それは思い込みでした。リフォームを始めてみたら、やりたいこともパワーもまだこんなにあった！　という感じで、どんどん出てきた。ちょっと長くかかったけれど、乗り越えたら次の景色が見えてきて。60歳までに完成させられれば、もっとよかったでしょうけれ

仕事以外の作品制作はプライベートルームで。書棚には長く愛読している本が。青木さんの人生が積み重なった空間です。

どね」。

劇的に暮らしを変えるリフォームではなく、スタンダードをバージョンアップしていくリフォームは、一度で終わることはありません。キッチン、洗面室、そして寝室と、少しずつ家が進化していくようです。

最近は、リビングに置くパーソナルチェアを探しているのだそう。「ヴィンテージショップを回ってみようかな。出逢いを大切にしたいから、いいものに出逢ったら買おうかと思っています」。

進化し続ける青木さんの暮らしは、これからもずっと、私たちのお手本となり続けることと思います。

story 2 船越玲子さん

家族の歴史と今を結ぶ みんなの「幸せを呼ぶ家」

1

2

長い海外暮らしを終えた後のリフォーム

ご主人の仕事の関係で15年以上、海外で暮らした経験を持つ船越さん。最初にリフォームのご相談のお電話があったのは2015年、最後の駐在先ベトナムでの暮らしが残り1年となった頃でした。

2010年に購入した都心の一戸建てに1年だけ住んだ後、何度目かの転勤でベトナムへ。4年間の駐在期間、ご自宅にはすでに社会人だった息子さんお二人が住み、末っ子のお嬢さんはアメリカ留学中でした。何人暮らしになるかわからないけれど、帰国したらこの家をリフォームして住もうと決めていたそうです。

「主人に、リフォームするなら定年前に、と言われていて。60歳が近づいて、帰国と同時に打ち合わせを始めなくちゃと焦っていましたが、なんとか間に合いました」と奥さま。

15年間の海外暮らしの間、長期のお休みには家族5人で世界中を旅したという船越さん一家。ご主人は50

3

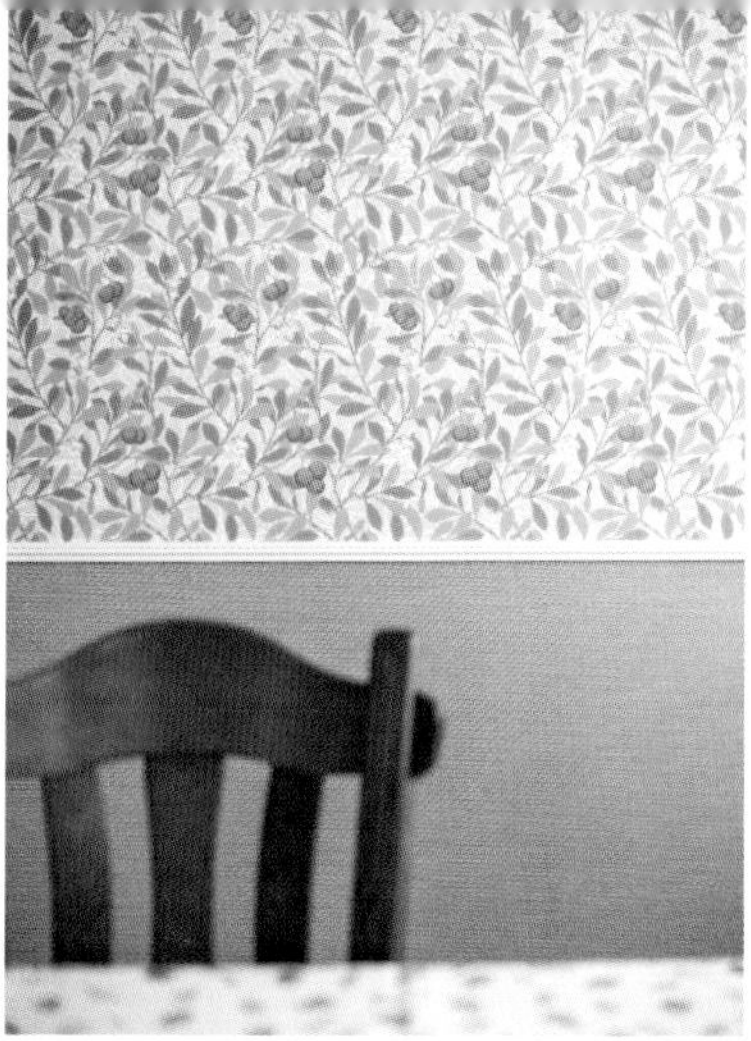

4

1　マレーシアで手に入れたモンゴルのアンティーク家具。各国のマーケットで手に入れた家具を、帰国後も大切に使っています。
2　マナトレーディングのショールームで一目ぼれした壁紙は、ウィリアム・モリスの「ザ・ブルック」。
3　玄関ホールの窓には、インドで手に入れたスカーフをカーテン代わりに。インドのガネーシャ像と合わせ、旅の思い出が甦ります。
4　リビングの壁紙はモリスの「アービュタス」。ジム・トンプソンの無地のブルーと合わせて。

カ国以上、奥さまやお子さんたちも20カ国以上は訪れたとか。ご自分らしい良いものを見極めるインテリアのセンスは、そんな数々の旅で育まれたのでしょうか。

「旅行ももちろんですが、一番印象に残っているのは、実は大学なんです」と奥さまは言います。ご主人の留学先だった大学のキャンパスを時々訪ねては、図書館や食堂などで過ごす中で、伝統に裏打ちされた家具や調度品、重厚な壁や床の風合いに魅了されたそう。そんな本物のインテリアに囲まれて過ごした経験は、帰国後のリフォームの際に存分に生かされることになりました。

質感を大切にした素材選びを積み重ねたＬＤＫ。重厚なダイニングテーブルや食器棚が空間にしっとりとなじんでいます。

右／日本では、まだまだ珍しいエプロンフロントのホーローシンク。キッチンの雰囲気にぴったり。左／キッチンの雰囲気を壊さないよう、グリルのないIHクッキングヒーターを選択。生活感が出る炊飯器や電子レンジは、ダイニングから見えないアイランドカウンターの内側に専用置き場を。

照明選びにも存分に発揮された審美眼。美しい真鍮とすりガラスが、空間を美しく照らします。

本物が持つ質感を大切にしたインテリア

打ち合わせでは、壁や床、照明や扉など一つ一つの素材にとことんこだわり、ショールームまで足を運んで実物を確認され、その場ですぐに決定。そしてなぜかいつも松竹梅の「松」を選ばれる奥さま。予算調整係の私が「竹」と「梅」をお見せしても無反応なのに、ショールームで「これ！」と「松」を選ぶ審美眼には、毎回本当に驚かされました。

「どこに何を買いに行っても、その店で一番いいものを見つけるのが特技なんですよ。『これにする』と言うと大抵、一番高い（笑）」と話すご主人は、苦笑しつつもどこか楽しそうです。

たとえばキッチンの壁に選んだのは、ブリックタイルの本場、ベルギー産のスライスレンガ。ヨーロッパ伝統製法の素焼きレンガは、色や形が一枚一枚異なり、歴史の深さを感じさせる魅力的な素材です。お値段もなかなかなので、当初はご提案の選択肢から外していたのですが、奥さまはショールームで一目ぼれ。「これにします！」と即決されました。

右／洗面コーナーのシーンもお気に入りで、入浴しながらキャンドルの灯だけでこの風景を眺めるほど。左／ベルギー産のスライスレンガがキッチンを印象的に。

ドアやノブにもこだわって。左はデザインガラスをはめ込んだドア。エイジング塗装を施して、アンティーク風に。

「妥協したところは一つもないです。大満足です」とおっしゃる船越さんですが、実はリフォーム範囲自体を、そもそもの予定から狭めています。今回はＬＤＫを中心とした水回りでしたが、当初は玄関を広げたり、階段や寝室にも手を入れたりしたいと思っていました。でも一方で、あちこち手を入れることで全体のクオリティが下がったり、テイストが薄まったりしてしまうのは避けたかったそう。優先順位を決めて、ここぞという部分に絞ることで、妥協せずにお金をかけることができ、その結果、理想の空間が手に入りました。

自然の美を讃えたデザインを生み出したウィリアム・モリス。根底に、大量生産品があふれた19世紀の英国で、職人のていねいな手仕事を復活させたい想いがありました。そんなモリスの美しい壁紙が、吟味した素材を引き立てます。

お祝いの会なので、シャンパンで乾杯。お酒のセレクトは仲良くご夫婦で。

お食事会の前、お嫁さんと一緒にテーブルセッティングを楽しみます。

窓辺に飾られた、ご夫妻の還暦祝いの記念写真。
3家族が揃い、「幸せを呼ぶ家」そのままの光景です。

ご主人が一番気に入っているのが、ダイニングに新しくつくったこの窓。明るい光が家族の写真を優しく照らします。

家族の幸せを見守り続ける家

船越さんは、今はご夫婦二人暮らし。定年までにリフォームを、とおっしゃっていたご主人ですが、4年半経った今もまだ現役です。最近は在宅ワークが増え、書斎だけでなく、明るくなったリビングの一角で仕事をすることも多いそう。

そしてリフォーム後、お子さんたちが次々にご結婚され、二人のお孫さんにも恵まれました。近くに住む長男ご家族とは頻繁に行き来し、お孫さんとの時間も充実。福岡に住むもう一人のお孫さんの姿も、SNSで毎日のように見ては、顔をほころばせています。「リフォームしてこの家に住むようになってから、いいことばかり起こるのが本当に不思議で。家族とも、まるで幸せを呼ぶ家だね、と話しているんです」。そうおっしゃる奥さまの笑顔が、まさにご家族の皆さんに幸せを届けているのでしょう。

この日は、親しくしている甥っ子さんの結婚祝いの食事会。主役のお二人のほか、近くに住む息子さん家族が集まりました。

ジム・トンプソンの壁紙に、ご主人の留学時代の卒業証書と思い出の品たち。

ワークスペースは石タイル貼りに無垢材の棚板。洋書がメインのご主人の蔵書に雰囲気がぴったりです。

story 3　蔵田由貴美さん

離れて暮らす夫婦の
心地よい距離感

二拠点生活を快適にするために

フラワーデザイナーの蔵田由貴美さんは、都心のマンションに夫婦二人暮らし。ご自身が50歳に近づいてきた頃、忙しい毎日を少し見直したい、そのためにも、築20年を迎える家をリフォームしたいと考えるようになりました。

由貴美さんは、ご自宅でアレンジメントの教室を主宰しながら、故郷の青森で4人のスタッフを抱えて花屋を経営しています。「青森の花文化を変えたい」「花で青森に貢献する」という想いでオープンしたお店はメディアに取り上げられることも多く、月の半分以上は青森という多忙な毎日。普段は別々に暮らす忙しいご夫妻を支える、東京での暮らしについて伺いました。

片付けはもともと得意だった由貴美さんですが、38歳で青森にお店を持って以来、あまりの忙しさに東京の家は雑然としてきてしまったそう。特に、仕事の書類がリビングの一角を占領していることが、大きなストレスでした。

「リビングに仕事用デスクがあることで、東京で過ごす空間が快適でないのが嫌で……。50歳になるのを機に、暮らしを整えたいと思い始めたんです。店もスタッフが育ってきて、ようやくそろそろ落ち着くかな、というタイミングでした」。

以前は由貴美さんの仕事用デスクがあったスペース。座り心地のよいパーソナルチェアが置かれています。

ご自宅に伺うと、月に何度か生徒さんたちが集まるとあって、すっきりと片付いています。ただ、リビングに置かれたデスクの上のファイルボックスには仕事関係の書類がぎっしり。お店を始めてからは、スタッフが加わったこともあって、一気に書類が増えたのだそう。レッスン用の花材やサンプルなども、都会のマンションのお仕着せの間取りでは物理的に入れるところがなく、玄関に置かれています。整然として、散らかっている印象はないのですが、「プライベートでくつろぐ住まい」という感じではありませんでした。

吊り戸棚をなくしましたが、収納を使いやすい位置に集約させたことでたっぷり確保。清潔感のある明るいキッチンに、料理のモチベーションも上がります。

そこで由貴美さんが求めたのは「ゆったりとくつろげる家」。東京にいて、レッスン以外の時間はリラックスして過ごしたい。都心の限られたスペースで、公私を分けることを重視しました。

レッスン中は生活感のない空間が理想。由貴美さんがこだわったのはキッチンの「オープン具合」です。「以前は閉じられたキッチンだったので、壁をなくして明るい空間にしたいと思っていました。とはいえ、生徒さんたちに丸見えというわけにもいきません」。

仕事関係のものだけでなく、キッチンについても使いにくい収納に

レッスン後のティータイム準備中、キッチンがオープンすぎると生徒さんに気を遣わせてしまうので、手元が隠れるこの高さに。大理石のモザイクタイルがアクセント。

困っていたそう。レイアウトや収納面、生徒さんとの距離感など、こだわりたいところが盛りだくさんだったため、細かく自由がきくオーダーキッチンは理想的だったと言います。

キッチンに立つと、窓からの明るい光が目に入ります。「暗かった頃が思い出せないくらい」と由貴美さん。

ホワイトバーチの造り付け家具で仕切られているので、ダイニングからキッチンが見えません。
生活感をなくしつつリビングダイニングとつながる対面キッチンは、由貴美さんのイメージ通り。

青森の伝統工芸「BUNACO」。青森県産ブナ材を薄いテープ状に加工し、巻きながら成型する製法で、さまざまな形を作り出します。左は由貴美さんがデザインした花器。

奥の壁掛けTVは、配線を隠すために背面に厚みのある木製パネルを。リビングとダイニングがゆるやかにゾーニングされ、ホワイトバーチの木目がインテリアのアクセントに。

信頼し合う夫妻の心地よい距離感

以前は、「たまに東京にいるときくらい、お料理しなくちゃ」と思い、心の余裕がなくなっていたという由貴美さん。青森の店をオープンして3〜4年経ったある日、ご主人に「いつもがんばってるんだから、家にいるときはゆっくりすればいいよ」と言われ、気持ちが楽になったそう。それ以来「料理も家事も無理のない範囲で」と決めたら、キッチンに立つことが逆に楽しくなりました。リフォームしてからは二人でキッチンに立つことも増えたのだとか。普段は別々の場所でお互いに忙しい分、一緒にいるときは二人で過ごす時間を大切にし、楽しむことにしているそうです。

青森でお店を始めることに、ご主人は反対されなかったのでしょうか。

「むしろ背中を押してくれました。優しくではなく、バンッ！　と突き落とされた感じです（笑）。やりたいと思いながら言い訳ばかり言ってても、しょうがない。ダメならやめればいい、やりたいならやってみろって言われて、勇気をもらえました」。

共有の本棚から「この本読んでみたら？」とご主人にすすめられることもよくあるそう。「最近、講演を頼まれることもあるのですが、それを聞いて『俺が言ってたことじゃん』と言われることがよくあって（笑）。

寝室にワークスペースをつくったので、思い切ってベッドを縦並びに配置。間にはご主人用のクローゼットがあり、お互いのスペースがゆるやかに仕切られて、心地よい距離感を保っています。寝室のドアを開けて右がご主人、左が由貴美さんのベッドスペース。

彼は私のビジネスパートナーのような存在です」。

　普通の夫婦に比べて顔を合わせることの少ないお二人ですが、お話を聞いていると、信頼し合っている様子がひしひしと伝わってきます。それぞれが別の暮らしを持っている分、「してほしい、やってくれない」と思うことがないのだそう。由貴美さん曰く「お互いに負うことがない夫婦。どちらももともと、一人でいるのが苦にならないタイプ。1年の半分しか一緒にいられないのが、今はちょうどいいバランスかもしれません」。

ある日の打ち合わせでスタッフから「パープルとかどうですか？」と言われ、びっくりしたそう。「もともとパープルは好きな色なんです。どうしてわかったんだろう」。

リフォームしたことで格段に片付けやすくなり、若い頃に実践していたすっきりした暮らしも取り戻すことができました。

仕事用のデスクが置かれていたスペースには、座り心地のよいパーソナルチェアを置き、読書やお昼寝、映画鑑賞のための特等席になりました。ここでまさに、念願のくつろげる住まいを実感しているそう。

「忙しくなる前は、家で二人で映画を観るのが楽しみの一つでした。リフォームしたことで、そんな時間がまた戻ってきました」。

引っ越してきてちょうど20年、お店も気持ちも落ち着き始めた、ベストなタイミングでのリフォームでした。

「70歳まで元気だとして、あと20年あるので、この家で快適に過ごしていきたいと思っています」。

これからの暮らしについて伺うと、「東京と青森、そして主人の実家の近くとの三拠点生活もありかなと。季節ごと、お互いのやりたいことごとに暮らしを変えていくのもいいかなと話しているんです」。

東京の家がすっきりと快適に、そしてくつろげる住まいになったことで、これからのライフスタイルのイメージもどんどん広がってきた蔵田さんご夫妻。三拠点生活も軽々と実現しそうです。

右／ベッドの間にある本棚には、お互いの仕事関係の本や雑誌が。左／ベッドスペース奥につくった仕事場は光がたっぷり入り、作業に集中できます。リビングに書類や道具が置かれることもなくなりました。

右／洗面の壁もお気に入りのパープルに。左／植物模様の輸入壁紙を貼ったトイレは、生徒さんたちにも好評。

story 4 那須春美さん

楽しみを発信する「住むだけじゃない家」

ダイニングテーブルを置かない暮らしを選択。「大人数で集まっても空間がフレキシブルで使いやすく、大正解でした」。

定年後に始めるなら、50歳からを試運転期間に

深いグレーのアクセントウォール、ブルーグレーのキッチンなど、その色使いが印象的なお宅。こちらにお住まいの那須春美さんもまた、50歳という年齢を意識してリフォームを計画したお一人です。那須さんは、自由が丘駅に程近い3階建てのオフィスビルを37歳で購入し、住宅仕様に改装しながら、80代にして現役で働くお母さまと2匹の猫ちゃんと一緒に暮らしています。購入の2〜3年後に、1階を車庫と事務所に改装。その後、10年ほど経って2階のLDKを、オーダーキッチンをメインにリフォームしました。

「1階は道路に面した側が全面ガラス張りで、入り口も自動ドアの完全なオフィス仕様だったので、入居後わりとすぐに手を入れました。でも2階は前のオーナーが住まい用に少しリフォームしていたので、しばらくそのまま住んでいました」。

なぜ、駅に近いオフィスビルを住まいに？　と尋ねると、答えは明快でした。「ただ住むだけじゃない家にしたかったんです。何かを発信したり楽しんだりできる家。若い頃から、定年後は家で何かやりたいと思っていたので」。

1階の事務所を将来、リサイクルショップやカフェにしてもいいかなと考えていたそうですが、そのうち

2階のＬＤＫでお友達と楽しめそうなさまざまな構想が湧いてきました。定年後とはいえ60歳でいきなり始めるのではなく、10年くらいは何をしようか考える試運転の期間があるといいなと思い始めた那須さん。自ずとＬＤＫのリフォームは50歳が目処になりました。

部屋として独立していたキッチンを、壁を取り払ってオープンに。深いグレーの壁にチェリー材の扉を合わせた、インテリアになじむ家具のようなキッチン。

右／3つ並んだ扉の左は、実は鉄骨の柱。家具のように溶け込ませてお気に入りのコーナーに。
左／ビルの窓の構造を利用した浅い収納棚。ステップ状にしてインテリアとしても楽しみます。

右／鉄骨の柱が邪魔でデッドスペースだった一角に、造り付けのカウンター収納を。左／猫ちゃん用の扉は、人間用とおそろいのデザイン。ちゃんと使ってくれています。

コンロの前は壁を残しました。窓から入る光がグレーの壁や
扉にやわらかく反射して、明るく居心地のいいキッチンに。

家から楽しみを発信したい、その想いを一つ一つ形に

30代前半は物件探しを趣味と言えるくらい楽しみつつ、数年を経てイメージ通りの建物を購入。何度かに分けてのリフォーム、そして定年まであと10年という節目の年に完成形へ。まるで会社の事業計画のように進んできた那須さんの住まいづくり。最初から明確なイメージがあったのでしょうか。

「何かやりたいなとは思いつつ、当初は漠然としたイメージがあるだけでした。おしゃべりしやすいリフォームのパートナーが見つかり、打ち合わせが進むにつれて、あれもやりたい、こんなこともできるといいなと、夢がだんだん具体的になり、一つ一つ現実になっていった感じです」。

たとえば、どんなキッチンにしたいですか、と聞かれて浮かんできたのは、人が集まるサロンのようなスペース。そこで、何かを教えられたらいいな。先生として立つのは自分だけでなく、お菓子作りが得意な友達がワンデイレッスンをするのもいいな。だとしたら広いカウンターや大きなオープンのあるオープンキッチンにしたい。せっかくサロンにするなら素敵なインテリアとそこになじむオーダーキッチンに……と、イメージが具体化していきました。

ダイニング代わりのスライドテーブルの右隣、デザイン的にもこだわったルーバー状の扉は、下向きに開くフラップダウン。中には色鮮やかなお猪口やぐい呑みを並べています。

右／厚みのあるステンレスが美しいオーダーシンク。オープンキッチンをすっきり見せるために、シンクの形にもこだわって。左／将来、料理レッスンやカフェもできるように、ビルトインオーブンと手洗いコーナーを設けました。

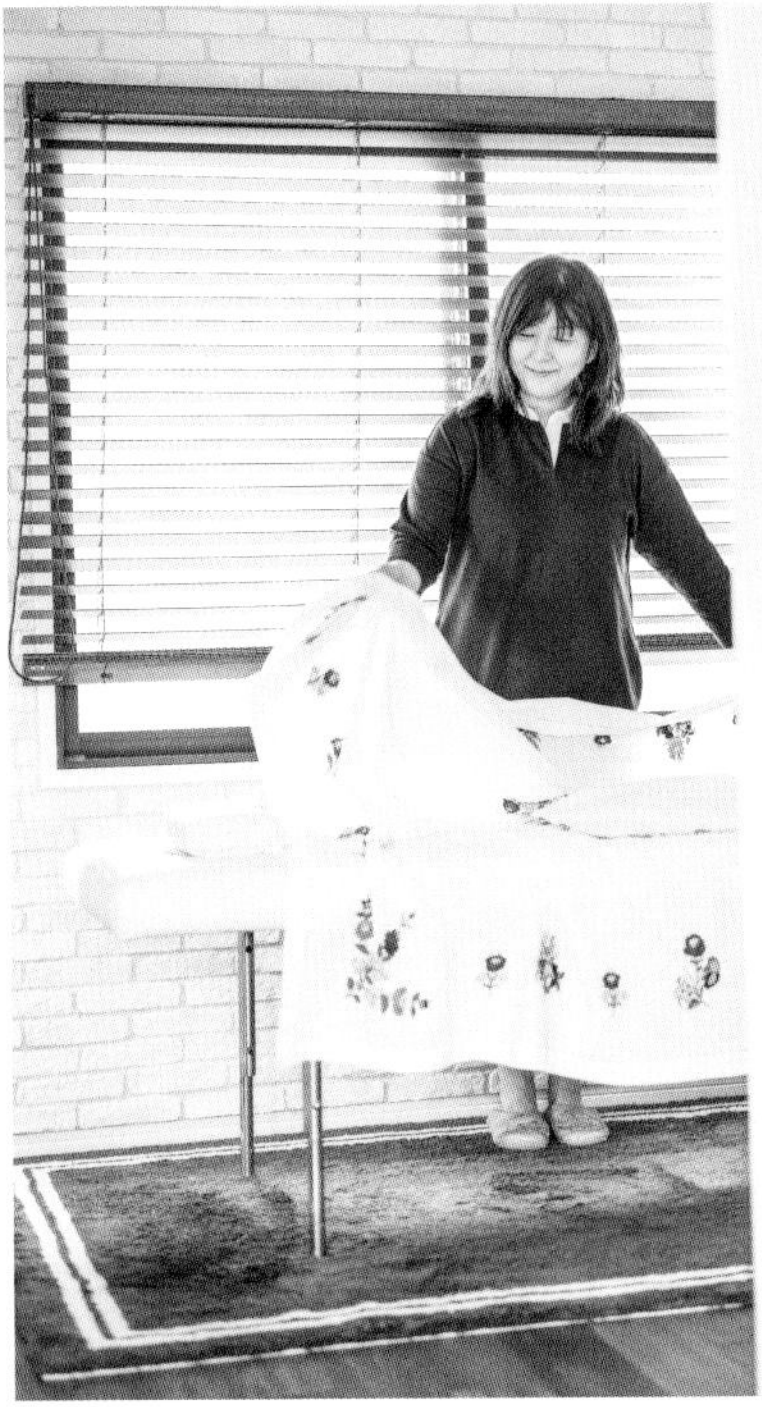

元和室の壁を取り払ってLDKと一体にしつつ、パーティションで仕切れるように。将来はエステコーナーにする予定です。

この日はお友達を集めて、修業中のフラワーケーキのプチレッスンについての相談会。リビングのあちこちに椅子が置かれ、思い思いの場所でくつろぎながらおしゃべりに花が咲きます。

新卒の頃からずっと付き合いが続くお友達も。キッチンも「勝手知ったる」間柄です。

数あるフラワーケーキの本は、韓国で手に入れたものや師事している先生の著書など。精巧な技術、目を見張る美しさは、眺めているだけでワクワクします。

この空間をどう使うか？から どんどんアイディアが

リビングの使い方の打ち合わせが進むにつれて、30年来のお友達と一緒に通う美顔エステがここでできそう、というアイディアも生まれました。個人経営である美顔エステに20年以上気に入って通い続け、とても良いものだと確信しているとのことで、「この技法を伝授してもらって自分たちでもできないかな？」「自由が丘支店を開設したいね」と話が盛り上がります。そこで、リビングの一角を可動のパーティションで仕切り、個室にもできるようにプランして、エステ用のベッドを置けるようにしました。頭の中にふわっとあったイメージが言葉になり、形になっていく過程を楽しんでいることが伝わってきます。

打ち合わせが進むうちに固まっていったのは、インテリアのイメージも同じ。言葉だけでなく「あ、いいな」と思った写真を集め、担当スタ

将来レッスンができたらと、最近学び始めたフラワーケーキ。道具類はお友達と旅行した本場韓国で買い揃えました。

ッフとシェア。そこから床材や壁の色を提案してもらい、イメージ通りの空間が出来上がっていきました。

　こうして思い通りの器ができたことでアンテナが立ち、さらにいろいろなアイディアが浮かんでくるようになったという那須さん。今は、韓国で出逢ったフラワーケーキに夢中で、友人限定でテスト的にプチレッスンも始めたのだそう。50代に準備を進め、実現してきたことで、たくさんの人が集う「住むだけじゃない家」として、定年後すぐにスタートが切れそうです。

story 5 堀井美香さん

築50年の日本家屋に似合う和モダンなキッチン

故郷の同級生のキッチンリフォーム

「いつかは我が家のキッチンもお願いしたいわ」――社交辞令なのか本気なのかわからないけれど、そんなうれしい言葉を以前からかけてくれていた高校の同級生、堀井美香さん。「来年こそはリフォームしたい」と本当に相談に来てくれたのは、50代の足音が近づいてきた頃でした。

　結婚と同時にご主人のお仕事の関係で渡米、その後シンガポールに転勤して5年駐在し、合わせて約10年間の海外暮らし。その後、帰国した彼女が日本で初めて住んだマイホームは、築50年ほどの純日本家屋。ご主人のご実家でした。

　義理のお母さまが使われていたキッチンを、帰国してから8年間使い続けているという、料理上手な彼女。ご家族のお許しを得て、満を持してのリフォームです。「特に年齢を意識したわけではないけれど、いろんなタイミングが合ったのが今。夫と義父母に感謝です」と、笑顔の堀井さん。そう、意識せずしてそんなタイミングが巡ってくるのも、50代という年頃なのかもしれません。

「すでにあるキッチンをずっと使ってきたので、私らしいオーダーキッチンが夢だった」と語る彼女の滋賀県のお宅に、まずは伺ってみることにしました。

堀井さんはシンガポール駐在時代に取得した中国茶の師範の資格を生かし、ご自宅の離れで中国茶のサロンを主宰しています。

サロンの入り口に置かれた手水鉢は、実際に使われていた古い石臼を再利用しています。瓦屋根に合うバードバスは、実はアメリカから持ち帰ったもの。新旧を組み合わせながら季節感のある暮らしを楽しむのが堀井さん流。

昔ながらの引き戸の玄関。印象的な郵便受けは、滋賀ならではの信楽焼の特注品です。

築50年の家をより快適にするインテリア

お屋敷と呼ぶ方がふさわしそうな、瓦屋根の立派な外観。玄関の引き戸をガラガラと開けると、我が家の娘の寝室くらいはあろうかという広さのたたきの向こうに、畳が3枚敷かれていました。その床の間のような風格のある玄関ホールに「ここが本当に私の同級生の住む家なのか」と思ってしまったほど。案内されるままおずおずと歩を進めると、お家の大きさとはアンバランスなほど小さな、壁に面した薄暗いキッチンが見えてきました。きれいに使われてはいるけれど、やはり少し使いにくそうで「これはなんとかしてあげたい！」と強く思ったものです。

撮影後には手作りの和菓子、水無月や、ランチを振る舞ってくれた堀井さん。水無月に敷かれた笹は玄関先で摘んできたそうで「ごめん、摘んでいるシーンを撮影したいからもう一回採りに行ってくれる？」とリクエストしました。こんなシーンが日常なのですね。

「アイランドキッチンにしたい」というのが最初の要望でした。細長いＬＤＫに大きなアイランドキッチンをつくるのは、物理的には可能です。でも、それを実現するとその他の多くのことが犠牲になりそうだと思いました。たとえば充実したパントリー、大きなダイニングテーブル、素敵な薪ストーブの前にロッキングチェアを置いてくつろぐリビング、ユーティリティスペースへの動線などです。打ち合わせが進むにつれて、アイランドキッチンの要望は、ずっと家族に背を向けて料理をしていたことや、もっとみんなでキッチンを囲みたい思いから来ていると気がつ

きました。それならばと提案したのは、奥行きのある対面カウンターのL型キッチンでした。

　キッチンの前には、地元の大工さんにオーダーした、大人10人で囲める無垢材のダイニングテーブルを。実家の両親や兄家族の誕生日が男女でそれぞれ近いため、男性陣・女性陣それぞれのバースデーをはじめ、季節ごとに集まることが増えました。年に一度は、プロのシェフを呼んでパーティを開くのだそう。リフォーム前は彼女が一人で料理していましたが、「人に使ってもらえるキッチンになったから」とうれしそうです。

　解体中、天井裏から立派な梁が出てきました。「素敵！　このままにしたい」という堀井さんの希望に大工さんが応え、板張りの斜め天井が実現。高くなった天井にトップライトを設け、空間全体に光が広がりました。

　中央に下げられたペンダントライトは、アンティークショップで購入。近江八幡の旧家から出たもので、同地にゆかりのあるアメリカ人建築家ヴォーリズによるデザインでは、とのこと。そしてフロアランプは、アメリカ滞在中に手に入れたものです。20年以上の時を越え、何度か海を渡ってこの家にやってきました。和のテイストの部屋にもしっくりなじんでいます。

キッチンに立つと、庭に面した窓から入るやわらかい光に癒されます。リフォーム前はこの掃き出し窓が小さな腰窓で、そこに面した壁付けのＩ型キッチンでした。

右／幅1mのオーダーシンクには、一部段差をつけました。食洗機に入れられない漆器などを洗って伏せておいたり、野菜を洗ったりするときに使っています。左／お気に入りのコーナー収納。奥からラックをスーッと引き出せて、デッドスペースが一切ありません。収納力抜群で、普段使いの鍋やその蓋、フライパンなど全てここへ。

濃いグレーの木目の扉にステンレスカウンターがシックで大人っぽい印象。漆喰壁にキッチン扉と同じ素材を合わせたことで、横方向の直線が和モダンな雰囲気を醸し出します。

パントリーも美しく整えられて。季節ごとにお菓子を手作りし、四季に合わせた器や折敷でおもてなしをする堀井さんの日常を支えてくれる頼もしい存在です。

和の空間になじむ デザインをめざして

ゆったりとした風格のある家全体の雰囲気から離れないように、日本家屋の良さを生かしてつくり上げた空間は、地元の工務店さんの手によるもの。その中にあるキッチンは、どんなデザインがいいのだろうか……。たとえば、ステンレスのワークトップ一つとっても、いわゆる「厨房」っぽくなりすぎないようにするのはもちろん、金属の硬質な印象と、やわらかな和の雰囲気とのバランスを取らないといけません。デザイン的にもやりがいのあるプロジェクトでした。

キッチン収納の扉の素材は、モダンなものより木目がよさそう。とはいえナチュラルな優しいテイストの木目では、梁の力強さや分厚い無垢材のテーブルの存在感に負けてしまいそうです。そこで、少し人工的な趣のある濃いグレーの木目をセレクト。この色を出すのは本物の木では難しいため、実際にはメラミン化粧板を使っています。通常なら、本物の木の隣にメラミン化粧板を使うのは、素材感の「ウソがバレてしまう」ため、ある意味、タブーの組み合わせです。ところが堀井邸ではこのグレーが実にうまくフィット。熟練の左官職人の手による漆喰壁、シックな

滋賀と京都の県境、愛宕山にある愛宕神社のお札。地元では「愛宕さん」と親しまれ、火の用心のお守りとして台所に祀られます。アクリルのフレームに入れているのが堀井さんらしい。

椅子の張り地や薪ストーブの色と相まって、部屋のテイストにしっくりなじむキッチンが出来上がりました。

古いものと新しいものが調和し、50年近い時を経て生まれ変わった堀井さん宅のキッチンとリビングダイニング。これから20年30年、いえ、ここから先もまた50年、家族の笑顔が集まる居心地のよい空間として、住み継がれていくことと思います。

Part 2 コラム編

キッチンのプロが綴る、私たちのこれからの住まいづくり

積み重ねてきた時間、自分の「好き」を大切にする

A cool cat.

／これからの住まいを考える／

50~60代、多様なライフスタイル

一口に50~60代と言っても、そのライフスタイルは本当にさまざまです。

私たちの親世代が50~60代のときは、子どもが独立して夫婦二人の暮らしが始まり、自由な時間も増えて、さあこれからは……というケースがほとんどでした。でも、今のこの年代の暮らしの形は、当時よりはるかに幅広く多様になってきています。

私たちのお客さまを見渡してみても、いろいろなライフスタイルの同世代がいらっしゃいます。すでにお孫さんと過ごす時間が楽しみという方がよく口にする、リフォーム後の住まいのイメージは「子ども家族が孫を連れて遊びに来たときに……」。ずっと二人暮らしで、お互い現役でバリバリ働いているご夫婦なら「便利、機能的、くつろぎ、二人の関係性」が共通キーワードになるでしょうか。

そして、一人暮らしを楽しみながら、仕事にプライベートに、アクティブで充実した毎日を送る人が、50代、60代以降の住まいに求めるのは「一人でほっとリラックスできること」あるいは逆に「友達が気軽に遊びに来ることのできるにぎやかな家にしたい」など。それぞれに求めるイメージは、とてもひと括りにはできません。

かくいう私も高齢出産だったため、まだ娘は中学生になったばかりと、子育て真っ最中の身。親世代が50

代の頃とは、やはりずいぶん違ったライフスタイルです。子育てと同時に老後の足音も近づいてくる、私のような晩産組は、上の世代にロールモデルが少ないのが弱いところ。でも「類は友を呼ぶ」なのか、幸いなことに周りにもまだ子育て中の同年代が多く、心強い限りです。

多様な人生後半のライフスタイルを受け止める住まい。今後の変化にどう対応していくのか？　これからの20年、30年、どこで誰と、どんなふうに過ごすのか？

そんな問いかけが、幸せな時間を過ごす家づくりのヒントになってきそうです。

人生後半の「変化の季節」

歳を重ねるにつれて、友人たちとのプライベートな会話でも「これからの住まいをどうするか」という話題が増えてきました。

「そろそろ親の近くに引っ越したほうがいいかな、と思ってる」「そのうち車を運転しなくなったらと思うと、駅から近いマンションに引っ越しておいたほうがいいかも」「古くて寒いし掃除も大変。二人暮らしになるのなら、もっとコンパクトな家でいいかな」と、この世代ならではの家族との関係や、体力の低下を補う便利さを求める声。そうかと思えば、

「ずっと家庭菜園をやりたかったから、広い庭が持てる郊外に」「セミリタイアして、自然の豊かな場所に引っ越すのもいいよね」「やっぱり生まれ育ったところに帰りたいな」と、多少不便になっても自分らしく快適に過ごしたいという声もあります。

リタイアの時期も多様になったとはいえ、いつかは働かなくなるときが来ます。そのタイミングが近づくことに加え、家族関係が変わることもあるでしょう。

仕事や子育てなど、環境の縛りから解放されたとき、どこに住むのがこれからのライフスタイルにフィットするのか。まだ具体的な何かが差し迫っていない中でこれを考えるのは、ましてや行動に移すのは、なかなか難しいことです。友人たちとの雑談でも、話があちこちに飛んで収拾がつかず、いつも堂々巡りで結論は出ません。

迷いは尽きないけれど、柔軟に

お客さまの中にもそれぞれ先のセリフに当てはまる人がいらっしゃり、見ていて誰の選択も決断も正解に思えて、ますます迷ってしまう私です。

軽井沢などでセカンドハウスのキッチンを手がけることが多いので、現場を訪れるたびに「自然が豊かな場所でゆったり過ごすのがいいな」という気持ちに。同時に、同じ自然なら若い頃から憧れていた海を眺める暮らしも捨てがたい、という気持ちもあり……これも海沿いのお宅の現場に行くとよく思うことです（笑）。都会の便利さと自然の中で暮らす魅力、どちらの選択肢をとるか。自然の中で暮らすほうをとった場合、夫はどちらかと言うと山派なので、海にするなら説得しないといけないかもしれない。そこまで強い気持ちが出てくるかどうか、今はまだわかりません。山か海か、どちらかを決めた後も、ならばその場所はどこに？　と、迷いは尽きません。

いずれにしても、そのときの事情が許すのであれば、ライフスタイルの変化に合わせて住む場所を変えていくという選択肢は、心に留めておきたいと思っています。

／広い家からの住み替え／

これからの自分に合わせた「住み替えリフォーム」

住まいのリフォームには、「長年住んできた家を改装する」ケースと、「中古住宅（主にマンション）を購入し、改装して住む」ケースがあります。

これまで後者はどちらかというと、これから子育てが始まる若い世代に比較的多く、新築マンションや建売一戸建てよりも、間取りやインテリアが自由になる家に住みたい人が選ぶものでした。インテリアや住宅雑誌の特集でもよく目にします。一方で最近、私たちのところに相談にいらっしゃるお客さまの中に、リフォームを前提に新たに中古マンションを購入する50～60代が増えてきました。

広い一戸建てから中古マンションへ

山手線の駅から歩いて数分、ご両親から引き継いだ広い一戸建てに、ずっと夫婦二人で暮らしてきたNさん。ご相談にみえたとき、ご主人は60代後半だったでしょうか。

子どもの頃から慣れ親しんだ土地を離れたくない。とはいえ歳を重ねていく今後も、この広すぎる家に暮らす自分たちが想像できない、とのこと。持ち前のセンスで古い家を素敵に住みこなしていらっしゃいましたが、歳とともにだんだん手入れが行き届かなくなってきたそう。そこでご夫妻は、ご自宅のすぐ近所の、あえてかなり年季の入った中古マンションを購入されました。

右／新しい住まいでも趣味のガーデニングを続けているNさん。広い庭がなくても、バルコニーでまた違った楽しみ方を発見。左／書斎代わりに窓辺の自分専用デスクで、一人の時間も大切に。

Nさんより一回り以上若いHさんご夫妻も、同じようなケースでした。ご両親から引き継いだ広い戸建ての家を持て余してしまい、夫婦二人の暮らしになるのを機に住み替えを決意。やはりすぐ近所で中古マンションを購入し、フルリフォームをされました。

どちらのご夫婦も、それまでの家の半分以下のスペースに住み替えという、大きな決断。収納が減るのはもちろん、二人の距離も近くなり、暮らしそのものが大きく変化するはず。それはもう、変革と言ってもいいレベルです。

特にNさんの場合、奥さまは広い庭でガーデニングを楽しんでいらしたし、お二人とも初めてのマンション暮らし。息が詰まってしまうのではと、私もやや心配になりました。

ところが、その心配は杞憂に終わることに。どちらのご夫婦も新しい暮らしにスムーズに慣れることができ、今は毎日を生き生きと楽しんでいらっしゃいます。

スペースは狭くなっても、新しい暮らしにフィット

「ずっと共に過ごしてきた住まいだからこそ、これからここで自分がやりたいこともわかっている。だから今のタイミングだったのかな」。これは、50歳でキッチンをリフォームしたお客さまの言葉です。キッチンに限らず、そしてNさんやHさんのケースに限らず、50～60代からのリフォームを象徴している言葉だと思います。

　長年住み続けた家のどこに一番、自分たちが満足していたのか。歳を重ねることで、どこがだんだん合わなくなってきたのか。そのこととじっくり向き合い、家族で話し合い、そしてプロと一緒に一つ一つ相談しながら進める、50代からの新しい家づくり。バリアフリーや収納のことなど、実用性を考える理論の部分も大切ですが、「これが好き」「これ素敵！」という感性の部分もぜひ大切に。こうしてつくり上げた、これからの自分に合わせた住まいは、住み替えによってスペースが多少狭くなっても、より快適に楽しく暮らせる家になるのです。

／自分を変えるには家を変えるのが近道／

「過去と他人は変えられない、変えられるのは自分と未来だけ」。30歳になったばかりの頃、初めてこの言葉を耳にしたときは「なるほど、確かにその通り」と納得したものです。けれど、あれから20年以上が過ぎて気づいてしまいました。自分を変えることの、なんと難しいことか！

今ではむしろ「見方を変えれば、あれは良い経験だった」、「なるほど、あの人のあの言動はこういうところから来ていて、本当はそういう人だったのか」と、過去や他人のほうがあっさり変わってくれる気がします。これもある意味、自分が変わったということなのかもしれませんが。

「自分を変えたい」、そこまで大げさなことは求めていないにしても、50代以降はさまざまなシーンでシフトチェンジがしたくなる時期です。「働き方を変えよう。これまでのように力任せに働かず、もう少し家のことをしよう。私もそろそろ『ていねいな暮らし』をする年齢だわ」、「子どもが独立して夫婦二人の暮らしになったら、お互いの役割や関係も変化していくだろうし、それぞれの時間を大切にしながら過ごしたい」など。

ところがそう思い始めても、毎日の慌ただしさは大して変わらず、これまで以上の速さで時間は過ぎていきます。いったいどうしたら慌ただしい暮らしを、若い頃のまま走っている自分を、変えることができるのか。

ありがたいことに私の仕事では、たくさんのお客さまの変化にその答えを見つけることができます。そう、自分を変えるには家を変えるのが一番の近道だと、リフォームで生まれ変わった家で暮らし始め、あっという間に変化していくお客さまたちが教えてくれるのです。

視界が変わり、行動が変わり、そして…

家が変わると、まず目に入ってくるものが全く変わります。いつも目にするものが変わると、不思議と行動や言葉も変わってくるようです。

すっきりとした壁や床、機能的な無駄のないインテリアに囲まれると、頭がクリアになり仕事モードに入りやすくなります。家での動線がよくなって動きやすくなると、なぜか外での自分もフットワークが軽くなります。リフォーム後、ご主人が早く帰宅するようになったという声が届くこともあります。居心地がよくなった家に早く帰りたいという気持ちもあるのでしょうが、実は仕事のスピードが速くなったからという理由も。そしてなんと、あれよという間に出世したという例もあるくらいです。

逆に、無機質な白い壁を落ち着いた色に塗り替えたり、直線的なデザインの無地のブラインドを柔かい生地のドレープカーテンに替えると、なぜか仕事を少し減らしてゆったりした時間を過ごしたくなることも。リビングの真ん中に身体を深々と預けられるソファを置き、その隣にお気に入りのフロアランプを置くと、本を読む時間が増えて、帰宅後にスマホを片手に仕事の連絡をする習慣も減るでしょう。「自分を、習慣を変えよう！」と気負わなくても、無意識にそうなっていくから不思議です。

場の「空気感」と気分の関係

実際に視界には入っていなくとも、インテリアの色や素材が持つ空気感は、身体にダイレクトに伝わってくると言われています。つまり、色や素材が変わったことで、身体が感じる「気」が変わるということ。また、身の周りに置かれているものも、その空気感に影響を与えるようです。

　たとえば、部屋を片付けると気分がすっきりしますね。もちろん、目にする光景がきれいになったこともありますが、実は、ごちゃごちゃ置かれたものが発する煩雑な「気」を身体が受けなくなり、片付いた空気感を感じて気分もすっきりする、という理由が大きいそうなのです。

　色や素材などの小さな部分が与える影響もさることながら、家が変わったことによる気持ちの変化も大きいもの。十数年の間に何度かリフォームをやらせていただいたＳさんは、最初のキッチンリフォームの後、お仕事が有名女性誌に取材され、活躍の場が広がりました。お友達を頻繁に招くようになり、ご家族も一段と仲良くなり、いつも本当に幸せそうです。そんなＳさんからのメッセージには、「家が変わると自分が変わる」という実感があふれていました。

「コンプレックスの塊だった私が、お気に入りのキッチンという味方ができたことで、多くのご縁をいただいて、すごく成長できたんだなと感じています。キッチンや部屋が素敵になるたびに、自分もここに似合うようになりたいと、ずっと進んできたように思います。住む場所が快適であることは、本当に大切なんですね」。

　家が変わって、だんだんとその家に合った自分に変化していく……どんどん素敵になっていくお客さまを見ていると、そんなふうに思えてなりません。

「元」家電置き場がギャラリーに変身。黒いフレームにお気に入りの写真を入れ、モノトーンインテリアを楽しんで。

／これからは、好きか嫌いかで決めていい／

先日、私と同世代のある人と、お茶を淹れるときに何を使ってお湯を沸かしているか、という話になりました。ヤカン派？　ポット派？　電気ケトル派？

「ヤカンでお湯を沸かすのは面倒だけど、ポットや電気ケトルには好きなデザインがないんです。やっぱりキッチンに置くのは、自分が好き！　と感じるものだけにしたいじゃないですか」とその人がおっしゃって、その言葉にはっとして思わずメモを取りました。

もちろん、好きなデザインのポットや電気ケトルが見つかる人もいるけれど、そうじゃないのなら、多少面倒でもヤカンを選ぶ。

小さな子どもがいてゆっくりお茶を淹れる時間がなかった頃は、その「多少の面倒さ」が受け入れられなかったかもしれません。でも、自分のためだけに使える時間が増えた今なら、いろいろなことを「好きか嫌いか」で決めていっていいんだなと思えて、ちょっとうれしくなりました。

「家電を卒業した」ある人のお話

好きと感じるものだけに囲まれていたい、多少面倒でも……という話で思い出したのが、オーダーキッチンをつくったことをきっかけに「私、家電を卒業しました」とおっしゃったお客さまのYさん。

打ち合わせを進めていたときは、炊飯器や電子レンジ、コーヒーメーカーにトースター、これらの置き場をどうするか悩まれていたので、あれやこれやとご提案し、シャッターのついた家電タワーのようなトールキャビネットとなったものの、予算オーバーで断念。結論はシンプルに、家電はダイニングやリビングから死角となるカウンターに並べましょうということになりました。

件の「家電卒業宣言」を聞いたのは、お引っ越し後しばらくして、雑誌の記事へのご協力をお願いし、撮影に伺ったとき。プランに組み込んだ、家電を置くためのカウンターには、写真や趣味の作品が飾られ、素敵なギャラリースペースになっていました。

「キッチンがすごくシンプルになって、大好きな場所になりました。お気に入りの新しいキッチンには、似合うものだけを置きたくて。ごはんは土鍋で簡単に炊けるようになったし、コーヒーはドリップ、パンはコンロの下に付いているグリルで焼いています」とYさん。

お気に入りのドリップケトルでコーヒーを淹れるゆったりした時間は、効率とは対極の小さな贅沢です。そして、そんな時間を積み重ねていけるのがこれからの楽しみ。そう思える場所をつくっていけたら幸せだなと思います。

要らなくなるもの、欲しくなるもの

リフォームを機に「電子レンジ無し」の暮らしを選ぶ人がいるのも50〜60代の特徴です。住まいが生まれ変わることで、本当に必要なものが見えやすくなるのかもしれません。

「食べ盛りの男の子が二人いたときは、電子レンジのない生活なんて考えられなかったけれど、夫婦二人になったら使用頻度が激減。それでもしばらくは、主人が夜遅く帰ってきたときごはんを温め直すのに使っていたけれど、家にいるようになったらそれもなくなり、思い切ってなくしてみたらほとんど困りませんでした」。そんな声を聞いて、なるほどと思いました。

一方ビルトインオーブンは、新たに欲しくなる人がわりと多いアイテムです。シンプルなデザインが多くキッチンになじみ、ある程度凝ったお料理でも入れっ放しで出来上がるというのが一番の魅力。ホームパーティで友達を招くとき、この「ほったらかしでメインが出来上がる」というのは本当に便利です。食べ盛りの子どもがいなくなってからでも、大活躍してくれるアイテムだと思います。

オーブンをビルトインしたことで空いたスペースには、前から気になっていたブレンダーを置くのもいいですね。ものを減らしていくばかりでなく、お気に入りのデザイン家電を手に入れるのも、キッチンの楽しみのひとつです。

いつかはこんなふうに……と、ずっと心に思い描いていた暮らし。憧れで終わらせず、いよいよ自分なりのそんな暮らしを始めるチャンスが訪れるのが、人生後半を迎えた私たちの年代です。でもいったい何から始めれば？　とお思いなら、いい方法があります。まずは暮らしの中にあるものを「好きなものだけ」にしていくという作業。自分の「好き」を軸に、シンプルに判断していくことが案外、これからの自分を幸せにする暮らし方を見つけられる近道と言えるのです。

億劫さと小さなストレスを解消すると…

歳を重ねていくにつれ失うもの……気力、体力、好奇心などいろいろありますが、私の場合、「衰え番付」の横綱である記憶力の次に来るのは、やはり圧倒的に体力です。そしてこの体力の低下が、何をするにもなんだかね、という億劫さにつながり、家事や仕事の効率も低下していくという悪循環に陥りがち。昔は15分でできたことが、やり方は何も変えていないはずなのに、どうして最近は1時間もかかるんでしょう。

きびきび動けた若い頃には気にならなかった、あるいは若さで乗り切れた家の中の些細な違和感や少しだけ面倒な作業が、体力の落ちた今の私たちに、小さなストレスとして少しずつ少しずつ蓄積されてきているような気がしませんか。

それはたとえば、キッチンに立ったときに目線近くまで下がっている吊り戸棚のうっとうしさ、中途半端に開かれた空間のキッチンからダイニングまで、食後のお茶を運ぶ作業の億劫さ。お鍋やボウルなどの調理器具を開き扉の奥から出すときに、必ずかがむといった当たり前になっている動作、電子レンジの裏のホコリ溜まりを、レンジを移動して拭うのが億劫になり、見て見ないふりをしていてもどこかで気になっているという小さなストレス……。

これらは毎日、本当に少しずつ蓄積されていくものなので、ストレスであることに気づいてさえいません。長年のうちに順応してしまって、もしくは順応してきたと身体ごと思い込んでしまっています。ところが、歳とともに体力が衰え始めると、実はちっとも順応できていなかったことに気がつきます。慌ただしく走り続けていた若い頃には目に入らなかった、もしくは目に入っていても気にせずにいられた小さなストレス。今、それらを放置するか、それとも解消するかで、これからの暮らしが、そして自分自身がずいぶん変わってくると思います。

思い切って解決への一歩を踏み出して、リフォームを決意した人が、このストレスをなくすために私たちのところに相談にいらっしゃいます。

リフォーム後は、毎日キッチンの引き出しを開けるたびに「うふふ」と笑みが。こだわってつくった引き出しがそこにあることのうれしさは、そのうちに無意識になっていきます。そうして無意識になってもずっと、むしろそうなって「うふふ」がなくなってからのほうが、快適さはより強くなります。毎日「あぁ、ここがなんとかならないかなぁ」と思いながら過ごすのと、「あぁ、ここがこうなっていてうれしい」と感じながら過ごすのとでは、まさに雲泥の差です。

日々の小さなストレスがなくなり、それまでストレスだった部分が逆に「うれしい」と感じるポイントになって、「ズン」と沈む気持ちが積み重なっていた毎日から「ルン」と弾む気持ちが積み重なる毎日に変わる。これは本当に大きなことで、失われつつあった気力と体力が戻ってくることにつながります。戻るというより、一気に若返ると言っても過言ではありません。そんなお客さまをたくさん見てきた私はこの効果を実感、いえ、確信しています。

日々の億劫さを歳のせいにせず、ずっと我慢してきた「無意識の小さなストレス」を解消して、昔のように、きびきびと動ける快適な毎日を取り戻してみませんか。

50代からの快適な住まいづくりのヒント

コンロはガスかＩＨか

この本を読んでくださっている人の中には、もしかしたら具体的に「そろそろキッチンをリフォームしたい」と考えている方もいらっしゃるでしょうか。ここでは少し実務的なお話もしたいと思います。

安全面、火力…「ガスかＩＨか」問題

「ガスコンロか、ＩＨクッキングヒーターか？」は、キッチンリフォームのご相談の際に必ず出てくる話題です。

特に50代以降のリフォームの場合、「これから歳もとっていくし、コンロは火を使わないＩＨのほうが安心」とどこかで聞いて、そうしたほうがいいのかなと感じている人は多いようです。

安全かどうかでいうと、直火がない、ガス漏れがないという点に限れば、ＩＨのほうに軍配が上がります。ガスコンロでよくある「近くに置いてあったミトンに火が燃え移った」「鍋を持ったときに袖口が炎に触れて火傷を負ってしまった」という事故は、ＩＨでは起こりません。毎年、一定数発生している天ぷら油による火災も、やはりガスのほうが圧倒的に多いです。国産のガスコンロであれば安全装置がついており、温度が上がりすぎると火が消えるはずなのですが、この手の火災は無くなってはいないようです。

とはいえ、ＩＨなら全く安全というわけではありません。直火でなくとも、油の温度が上がりすぎれば、

自然発生的に炎が出ます。熱効率がよく、すぐに温度が上がるＩＨは、発火温度になるのも早いと言えます（もちろん、ガスと同じく安全装置が働いてくれれば、その心配はないはずなのですが）。また、熱くなったプレートを触ってしまい、火傷を負うという事故もあります。一概に「ガスだと危険、ＩＨなら安全」とは言えず、あくまで比較の問題です。火をつけたままコンロ周りから離れてしまえば、どちらも危険であることは間違いないのです。また、電磁波の問題も諸説あり、まだまだわかっていないことが多いようです。そうしたことからも、「安全を求めるならＩＨ」とは言えないのではと思います。

　ガス派の人がガスを選ぶのは、ＩＨの火力が心配という理由もあるようです。ボッと音を立てて勢いよく炎が出るガスに比べると、ピピッと電子音が鳴るだけで、火も見えないＩＨは、なんだか心許ないですよね。

　そのため一時期、ＩＨのＣＭは、ガスと比べても遜色ない火力、中華鍋も（ただしＩＨ専用の）振れる、そんな面をアピールするものばかりでした。欠点をなんとか覆い隠して「こんなにガスに近い感覚ですよ」と説明していました。ＩＨの火力が弱いのではという懸念は誤解で、実はガスよりも強いくらいなのですが、「ガスに近い感覚」を再現するのは、なかなか難しいもの。私にＣＭをつくらせてくれれば（笑）、徹底的にお掃除のしやすさだけを語るのに、と思っていました。なんといってもＩＨの魅力は「拭くだけできれいになる」、この一言に尽きるからです。

どちらも使ってみてわかったこと

私自身は、30代半ばから7～8年ほど、ＩＨを使

実はガスコンロとＩＨクッキングヒーターを組み合わせるという手も。海外製のコンロなら、30㎝ずつカスタマイズできます。

っていました。一人暮らしの頃から愛用している中華鍋を手放せないため、基本的にはガス派なのですが、仕事柄、一度はＩＨも使ってみたほうがいいかなと思い、中華鍋用に一口のガスコンロを用意して、メインはＩＨを併用していたのです。

　とにかくＩＨは掃除が楽で、お湯も早く沸くので助かりましたが、実は使い始め当初は、火加減がうまく調節できず、苦労しました。リフォーム後、かれこれ2週間くらいは、けっこうな頻度でイマイチ美味しくない料理を食べる羽目に……。そう考えると、歳を重ねてからのＩＨへのリフォームは、「新しいものに慣れることが可能」という前提が必要になりそうです。

　ちなみに今はまた、ガスコンロのみの暮らしに戻っています。ＩＨの、火加減を番号で決めるところにどうも慣れなくて、料理中に（これは3と4の間にしたい！）と思うことが多かったのと、あいかわらず中華鍋を持って引っ越しするので、もうガスだけでいいかな、と。お湯が沸く時間がまた長くなったことは、最初はややストレスでしたが、これはすぐに慣れました。逆になかなか慣れず、年々気になってきたのは、夏の暑さ。ガスは周りの空気も温めてしまうので、言ってみればストーブの前に立っているようなもの。キッチンに専用のエアコンがあるお宅は少ないでしょうから、特にクローズドキッチンの場合は、ＩＨの選択肢も考えてみるとよいかもしれません。

そして、結論はやはり…

　こうして書いていると、結局どちらがいいの？　と言われてしまいそうですね。何にせよ一長一短あり、いろいろな情報が飛び交う中、コンロに限らず何かを選んでいく作業は、なかなか大変です。

　やはりここでも、自分の「好き」を軸にすることが鍵となるでしょう。歳をとったときのことを考え、先々の心配ももちろん無視はできないのですが、そのことばかりを考えて選ぶと、家づくりのワクワク感が下がってしまいがちです。自分は何が好きなのか、どちらが向いているのか、どちらにより魅力を感じるのかをじっくり考えて、迷ったときはプロに相談しながら、一緒に選択していくのがいいと思います。

　一つ言えるのは、もしリフォームでガスからＩＨに替えることを検討中なら、慣れる慣れないのことを考慮して、タイミングは少しでも早いほうがいい、ということです。残りの人生を快適なものに囲まれて過ごす――その実現は、一日も早いほうがいいのです。コンロに限ったことではありませんが。

／夫婦二人暮らしに食洗機は必要？／

「食洗機、どうしよう」。これもまた、キッチンリフォームの際に話題となるテーマの一つです。ビルトイン食器洗浄機をどのメーカーにするか、どの大きさにするか、どの機種にするか。そもそも入れる入れないも含めて、なかなかに悩むところです。

私も、実体験やこれまでのお客さまの声を元にいろいろアドバイスはするものの、最後はやはり、ご自身で選択していただかなくてはならない問題です。

「夫婦二人暮らしなら、なるべく機器類を減らしてシンプルにしたい」という考えは、もちろんうなずけます。また、「これからは家事や育児から解放されるので、もっと自分のために時間を使いたい。歳もとることだし、便利なものは入れておきたい」。こちらも正解だと思います。

ご自身がどちらに当てはまるのか、じっくり考えてみることが大切です。

コンロをガスかＩＨかで迷うこととは違って、食洗機は、プランに入れるか入れないかでキッチンのレイアウトが変わることもあり、また、そのスペース分、収納が増えたり減ったりするので、悩みはより複雑かもしれません。

個人的には、これから二人暮らしになるのであればこそ、食洗機は入れておくと便利なものかなと思っています。

周りを見ると私たち世代では、洗い物は妻が担うという家庭がまだまだ過半数（こんなことを言うと、21

世紀生まれの娘には「ジェンダーフリーじゃないなぁ」と顔をしかめられてしまうのですが）。夫のほうが忙しく働いていればこそ気にならなかった、もしくは多少気にはなっていてもやり過ごせた、この家事負担。リタイア後にお互い家にいるようになったら果たしてこのままでうまくいくのか……無理ですよね。

だからといって、たとえば夫が、シンク周りを盛大にビシャビシャにしながら洗ってくれたわりには、今一つ油汚れがすっきり落ちていない鍋や食器を見て、イラッとせずに根気強く「ほめて育てる」自信があるという人も、少数派ではないでしょうか。

これからいずれ二人になって、仲良く暮らしていくために（＝ケンカの元を一つでも減らすために）、ビルトイン食洗機の導入は、十分検討に値すると思います。

さて、ではいざ食洗機を、となった場合に、どのメーカー、どの大きさを選ぶのか。これについては、もしレイアウトや収納面が許されるのならぜひ、幅60㎝の大きなタイプをおすすめします。それが難しくて幅45㎝となった場合も、できれば同じ幅でもたっぷり入る海外製を。

なぜなら実は食洗機は「入れてよかったビルトイン家電ナンバーワン」であると同時に「入れなきゃよかった」でもワーストワンなのですが、その原因のほとんどが「大して入らないから、結局手で洗うことに」というもの。

せっかく入れたビルトイン食洗機。それなりに費用もスペースもとっているのですから、食器はもちろん、使った鍋釜、ざるやボウル、調理道具全てに至るまで一気に洗ってもらってコスパを上げたいものです。

夫婦の家事分担に話を戻すと、使った器や調理道具を食洗機にセットしてもらったはいいけれど、ここにもさらなるハードルが。「もっとうまく入れてよ……」

「あれをこう並べれば、これも入るのに……」という妻（ときに夫?）からの心の声も、私たちは仕事柄、よく耳にします。そんなときも幅60㎝あれば、慣れない人でもまぁなんとか形にはなるもの。たとえ二人暮らしであっても、やはり大きな食洗機がとても便利なのです。

ここで改めて食洗機を使うメリットを整理すると、

●なんといってもきれいに洗える…55℃や60℃のお湯で洗うため、油汚れがピカピカに。
●手が荒れない…特に冬場はありがたいですね。
●節水になる…汚れにもよりますが、油でギトギトのものを手洗いすると大量のお湯が必要です。
●家事の時短になる…これは文句なしですね。

そして実はもう一つ、隠れたメリットが。

オープンキッチンにリフォームし、ゲストも一緒に囲めるアイランドカウンターが実現、これからは時々ホームパーティも開きたい。そんなとき、せっかくみんなでお料理してもホスト役のあなたが洗い物係では、なんとなくゲストもくつろげないものです。もちろん「一緒に洗っちゃおう！」と言ってくれる親しい友達もいるけれど、シンク前に全員が立つわけにもいかず、くつろぐチームと洗い物をするチームに分かれがちですよね。

これ、私自身も経験があるのですが、そんなとき「あとで食洗機に入れちゃうから、そのままで大丈夫」と言われると「あ、そうか！」と納得して、その後も心からくつろいでパーティを楽しむことができます。逆にホスト側のときも「いいよいいよ、後で洗うから」と本心から言えて、本当に気が楽になりました。さらにこれを将来、姑の立場で本音で言えれば、最高ですよね。

ちなみに、少しだけ海外の食洗機事情を。ある調査

コストやメンテナンス面から敬遠されがちな輸入機器ですが、モデルチェンジが少なく耐久性も高いため、長い目で見ると実はリーズナブル。日本に長くあるメーカーならメンテも安心です。

によると、予想通り日本以外の国々では「食洗機派」が「手洗い派」より圧倒的に多いそうです。でもごく少数派の「食器を手洗いする理由」は日本とは全く異なっていて、「二人暮らしカップルなら、手で洗うほうがロマンチックなのでは？」とか「一緒にお皿を洗うことで、お互いを手伝ったり、リラックスしておしゃべりしたりする時間ができて（中略）、昔の恋愛映画みたいじゃない？」とのこと。これには思わず笑ってしまいました。そんなわけで、我が家は将来的にもやっぱり食洗機派かなぁと思う毎日です。

／片付けが苦手という思い込み／

片付けの得意不得意、４タイプ

「私、片付けが苦手で……」。

キッチンや収納の打ち合わせが始まると、このように切り出される人が少なくありません。

これまで６００件近くのお宅のオーダーキッチンやリフォームを手がけていますが、「私、片付けが好き（得意）なんです！」とおっしゃる人は片手で足りるほどだったかと思います。

もちろん謙遜もあって、ご自身では言わなくとも、「すごい！　この人は片付けが得意なんだな」という方もいましたが、それを合わせたとしても「片付け上級者」は、全体の数%ほどではないでしょうか。

たくさんのお客さまと接してきて、片付けの得意不得意は、４つのタイプに分けられると思っています。

1　片付けが好きで得意。片付けにくい動線や収納でも、また、ものが少なくても多くても、忙しくて時間がなくても、自分なりの工夫ですっきりと片付けることができる。

2　片付けはわりと得意なほうだけれど、片付けにくい動線や収納だとモチベーションが下がり、なんとなく散らかってしまう。また、忙しいとだんだん散らかってきてしまう。

3　片付けが苦手で、普通に暮らしているとどんどん散らかってきてしまう。片付けやすい動線、使いやすい収納、片付ける時間があれば、それなりに片付けることができる。

4　とにかく片付けることが苦手。片付けやすい動線、使いやすい収納があり、なおかつ時間があっても片付けられない。

皆さんはご自身がどのタイプだと思われますか。

私の印象だと、1のタイプが少ないのと同じように、4のタイプもまた、ごくわずか。ほとんどの人は、2か3のタイプではないでしょうか。

片付けられない本当の原因は？

リフォームの仕事をしていると、いろいろなお宅に伺います。この仕事を始めたばかりの頃は、リフォーム前のお宅に伺い、通されたダイニングやキッチンにものがあふれかえっていたりすると、「あ、このお客さまは片付けられないタイプなんだな」と思うこともありました。

でも、そうした一見「散らかし屋さん」のお客さまとじっくり打ち合わせを進め、お互いに楽しみながらプランをつくり、それが実現すると……。リフォーム後、しばらくしてご自宅に伺うと、「ええっ？　あのお宅が！」とびっくりするくらい、美しくすっきりと、素敵に暮らしていらっしゃるケースによく出会います。それはリフォーム直後に限らず、何年か経って少し複雑なメンテナンスに立ち会うとき、10年以上も後に雑誌の取材で伺うときも同じ。いつまでも変わらず美しさが保たれていて、付け焼き刃の片付け術ではないことがわかります。

すっきりと片付いているだけでなく、オープン棚にはお気に入りの器やセンスのいいフレームに入った写真が飾られ、色も統一されて、心からインテリアを楽しんでいらっしゃる様子。洗面やクローゼットも片付けやすくなったせいか、メイクやファッションが変化する人もいるほどです。

片付けにくい家、自分に合っていない収納

そんな経験が何度かあって、「あぁ、片付けられない人なのではなくて、片付けるのが嫌になっていたんだな」と気がついたのです。

片付けるのが嫌になってしまう原因は、忙しすぎることや心の問題など、いろいろあるそうなのですが、私たちのところに相談にいらっしゃる方は、ほとんどが「片付けにくい家」「自分に合っていない収納」が原因でした。

料理が好きで、菜種油、胡麻油2種類、オリーブオイルも2〜3種類と、油だけで何本もお持ちの方がいました。しょうゆもお酢も数種類使うのに、キッチンには15㎝幅の、細長い小瓶が数本入る程度の調味料用引き出ししかない。

アウトドアやゴルフが趣味で、道具類がたくさんあっても、玄関周りの収納は小さな下駄箱のみ。家族が多くリネン類や化粧品類も多いのに、洗面所の収納は小さな引き出しと、洗面カウンターの下で配管に邪魔された使いにくい開き扉のみ。

これではものがあふれてしまうのも無理からぬこと。お仕着せの家で、センスよくすっきりと暮らせる人はごくごく少数です。

一方で、じっくり考え、楽しみながらプロと一緒につくり上げた家なら、そのプロセスを楽しんだ経験と「私の家だ」という気持ちが、きれいに住むための片付けモチベーションを後押ししてくれます。そのため、

大多数の人が片付け上手になって、すっきりセンスよく暮らし始めます。真に「片付けが苦手」という人は、ごく一部なのです。

リフォームしても片付けられない？

何かうまくいかないことがあったときに、他人や環境のせいにせず、自身に問題があると捉えることは、愚痴ることなく前進するエンジンにもなり、大人として大切な感覚だと思います。でも、こと「片付け」に関しては、思い切り環境のせいにして大丈夫。実際、環境のせいであることがほとんどなのですから。

とはいえ忙しい毎日、せっかく思い通りにリフォームしたのに、どうしても散らかってきてしまう3のタイプ、そしてたとえ時間があっても片付けられない4のタイプの人は、どうしたらいいのでしょう？

それはもう、あきらめて、散らかったままで大丈夫です（笑）。

自分自身を振り返りながら、きちんと考えながらプランした収納が用意されているなら、その気になればすぐに片付けられるはず。

その気になるのは、たとえば明日、お友達が遊びに来る、義母が訪ねてくる……そんなきっかけでいいのです。重い腰を上げるのは前日だけ。それでササッと片付けられれば、普段の日々は散らかっていてもいいじゃないですか。

そう考えると、家に人を頻繁に招くというのが、このタイプの方々にとっては一番の解決策になるかもしれません。荒療治ではありますが。

収納の考え方、あなたはどちら？

収納についての打ち合わせを進めていくと「適当でいいです。どこに何をしまうかは、できてから考えるので」というタイプの人と、「ここにはこれを。なので引き出しはこの高さで」と細かく位置や寸法を決めるタイプの人がいます。片付け上級者は、ご自身でどちらのタイプかがわかっていることが多いので、あまり悩むことがありません。悩んでしまう人がそのまま片付け下手というわけではありませんが、「私はどちらのタイプかな」と考えてみることは、リフォームの収納プランを成功させる第一歩だと思います。

／指定席のススメ／

専用収納スペース、指定席をつくろう

片付けが苦手なタイプの人の特徴は、とにかくものが増えていくこと。そして増えたものの行き場がないこと。となると断捨離か、収納スペースを増やすことが解決策になるのでしょうか？

ところがこの問題は、ものが減ったり、十分なスペースがあったりすれば解決するというわけでもありません。たとえスペースが余っていても、場所が決まっていなければ、ものの行き場はないも同然なのです。

解決策の一つは、「指定席」をつくることです。家の中でものの指定席を決めることは、片付けがうまく

いく第一歩。でも、それがなかなか決められない……

それもそのはず、指定席がうまく決められる人は、片付け上手。「それが決められないから苦労してるのに」という声が聞こえてきそうです。

決められない片付け下手さんは、リフォームするときがチャンスです。しまい方に困っているもの、いつもつい出しっ放しになっているものを書き出し（話すだけでもOK）、プロにじっくり相談し、どこにどうしまうかを決めて、その場所を最初からつくってしまえばいいのです。なんとなくのイメージですが、寸法を細かく指定すればするほど「ここは、これ用の場所」という意識が働き、だんだんと、もしくはリフォーム直後から、その場所に片付けられるようになるものです。

もちろん、細かく決めすぎることによる弊害もあるので、どこまで決めるかは、その人に合ったバランスが大切です。そのさじ加減は本当に難しく、毎回迷いながら進めます。そのため取材の立ち会いなどで久しぶりにお邪魔したときに、それぞれのものが指定席にちょこんと収まり、部屋全体がすっきりと片付いているのを見ると「よかった！」とうれしくなります。

長く使ってきたからわかっていること

「あまりしっかり場所を決めてしまうと、買い換えたときに困りそう」「そのうち使わなくなるかもしれないから、細かい寸法まで決めた指定席をつくるのは、どうかな」という考え方もありますね。私も賛成です。これから新しい生活を始める20代30代なら、なおさらです。

でも、すでに20年30年と毎日キッチンを使ってきた私たち世代なら、ずっとしまい方に困っていたアレも、

1

2

3

1　炊飯器や電子レンジは、リビングダイニングから死角になるところを指定席に。スライドテーブルをつけて、炊飯中は引き出せるように。2　蒸し器や飯台など大きな調理器具は、引き出しなどに入れると場所を占領しがち。取り出しやすい指定席を決めると、使う頻度が上がり、料理のレパートリーも増えて一石二鳥。3　ラップや保存用密閉袋などのストックは、上から一目で見渡せる巾木引き出しに。高さをぴったりにつくって、スペースの有効活用を。

これからも使い続けたいコレも、どこにあればうれしいのか、十分にわかっています。古くなって買い換えるとしても、きっとまたお気に入りのコレだな。もう何年も定番で、無くなることもほぼないし。であれば、それらの指定席を決めてしまうのはきっと大正解なのです。指定席が決められた、片付けやすく使いやすいオーダーメイドのキッチンは、私たち世代だからこそ手に入れられる、ご褒美キッチンと言えるかもしれません。

4　一つのアイテムをたくさん持っている場合も指定席が便利です。お盆やトレイは重ねて入れると下のものが出しにくいので、サイズで仕切って立てる収納に。5　意外と置き場所に困るレシピ本は、頻繁に使う数冊をさっと取り出せる位置に。柱の脇のデッドスペースを利用して。6　44〜55ページでご紹介した那須さんのお宅の紙袋収納。この写真を見て「私もこうしたい」と希望する人が後を絶ちません。紙袋は収納お困りアイテムの筆頭なのでしょう。

6

4

5

／これから選ぶなら、素材感のあるインテリア／

ヨーロッパの田舎で心動かされた風景

学生時代、数カ月分のアルバイト代をつぎ込み出かけた海外旅行を今も思い出します。「食費、宿泊費、移動費、お土産代も込みで目標一日５０００円！」と予算を立て、貧乏旅行そのものの、けれど楽しい旅。行き先も宿も決めず、夜行列車の座席で車中泊をしながら、着のみ着のままで旅したヨーロッパは、若かった私にたくさんの刺激を与えてくれました。

中でも心惹かれたのは、それぞれの国の田舎町。パリやミラノといった大都市にももちろん多くの魅力がありますが、南仏の田舎道に突然現れる鷹の巣のような村々や、トスカーナの草原の中にそびえたつ石造りの村々は、遠くから見ても、そして近づくとよりいっそう魅力的でした。海沿いの小さな街を船から眺めたときの興奮は、鮮明に覚えています。

何にそれほど心を動かされたのかと思い返すと、石畳、レンガ、木製の窓枠、教会の鐘、そうした人工物の年数を経た味わい、その質感が木々や水など周囲の自然の中にしっとりとなじんでいる様子、そしてそれを見たり触ったりしたときの、なんともいえない心地よさだったのではと思います。

ある程度歳を重ねたなら、自分らしい旅のしかたがそれなりに確立されて……それともようやくそろそろ自分らしい旅ができる頃でしょうか？　若かりし日に憧れた滞在型の旅にも、そろそろ挑戦してみたくなります。移動やありきたりの観光は極力抑えた、その土地の暮らしが感じられる旅が私の理想です。

古さが味わいになる素材を大切に使う豊かさ

質感のある素材に触れて気持ちよくなったり癒されたりというのは、何も旅での経験だけではありません。むしろ、毎日の暮らしにこそ、自分が心地よいと思える質感のものを取り入れていきたい、そのほうが旅に出るよりも効果大かもしれません。いつも目にするもの、手に触れるものが気持ちいいというのは、とても大切なことなのです。

もちろん、日本にも素晴らしい素材はたくさんあります。漆、和紙、漆喰、ＤＮＡのせいなのかどれもとても魅力的に感じますが、価格やメンテナンスの面で、家づくりに使うにはなかなか手が届きにくいという難点も。その点、ヨーロッパのタイルや石は、建材として確立されていて種類も豊富なので、ありがたく使わせていただいています。

1990年、トスカーナの村でカメラを構える筆者。

手入れをしながら味わいを育てていけばいい

そんな経年変化を味わえる無垢の木や石、素焼きタイルなどは、お手入れが大変と敬遠されることも多い素材です。確かに、樹脂やビニール素材に精巧な印刷が施されたものとは違い、こうした天然素材の表面には穴や凹凸があるため、放っておくと汚れが染みることも多く、定期的にオイルなどで手入れをする必要があります。

言い変えると、これらは手入れを怠らなければ、いつまでもきれいでいてくれる素材です。もちろん新品のきれいさとは違い、時間と共にいわゆる「いい感じ」に味が出てきてくれる美しさです。

その「いい感じ」を許せるかどうかは、人によって感覚が違うので、もちろん強要はできません。でももし、そんな素材が好きだけど、手入れが大変そうだから……と躊躇しているのなら、この一言を。「好きなら、大丈夫ですよ」。

余談ですが、我が家の無垢のテーブルや床の手入れは、思いついたときだけ。かなり手入れを怠っていて、そこかしこに輪染みもあり、10年足らずでけっこう年季が入ってきてしまいました。もしお客さまのお宅がこうなら「できれば年に一度は、お手入れしてくださいね」とアドバイスしたいところです（笑）。

でも、それもまた良し。何より、自分たちだってかなり年季が入ってきています。家の中のものに「いつまでも新品のように」などと求めず、お手入れは無理せずできる範囲で。多少放ったらかしにしながらも「これからも長い付き合い、よろしくね」と、一緒に歳を重ねていくのもまたいいものかなと、若い頃の旅を思い出しながら感じている今日この頃です。

右／経年変化が楽しみなアイテムの筆頭、無垢のフローリング。オーク材のヘリンボーンは重厚感と軽やかさを兼ね備えています。左／手仕事のフロストガラス、無垢の真鍮の優しい質感は、下から眺めるだけでも十分感じられます。アンティークへ育てる楽しみも。

20〜31ページでご紹介した船越さんがLDKの床に選んだヨーロッパ産タイル。使うほどに素材感が変化し、味わいが増します。（上左も船越さん宅、上右は8〜19ページの青木さん宅）

何が好き？　はインテリアに限らない

設計が進み、壁や床の素材を決めたり、扉の色を考えたり。こうした色や素材決めのためにお互いのイメージを共有する時間が、リフォームを考え始めてから完成までの間で、一番楽しいときかもしれません。

色や素材を検討するとき、よくお話しするのは「好きなものを教えてください」ということ。ベージュよりもグレー、金属よりも木、白い壁より柄クロスという、インテリアを意識した具体的な「好きなもの」でもいいのですが、実は、インテリアと全然関係なさそうなものが意外とイメージが広がりやすく、とても参考になることがあります。

／「これが好き」を教えてください／

ずいぶん前のことですが、家づくりの要望スクラップブックとでも呼ぶべきファイルを携えて、ご相談にみえたお客さまがいらっしゃいました。ファイルをつくった奥さまは開口一番「私、フェルトが好きなんですよね」。その表紙には、ご自身で製作・撮影されたフェルト小物がアップで写った写真が一枚。ふんわりとした質感、優しい風合いなのに頑丈そう、緻密なのに無造作な味わいのあるその雰囲気は、「ここでフェルト？」という意外性もあって、とても印象に残りました。

その後、ファイルをお預かりして、打ち合わせのたびに表紙を眺めては、こうかな、ああかな、やっぱりこっちかなと、予想以上に参考になったことにも新鮮な驚きが。ときには、「このカウンターの厚みってフェルト的ですかね?」「この玄関、立派すぎてフェルトっぽくないかも」などのセリフも飛び交い、打ち合わせがとても楽しくスムーズに進んだことを覚えています。

強く心を惹かれるものがあるのなら、それが一番です。たとえそれがないとしても、なんとなく好きとか、そういえばつい手にとってしまうなというものが、誰しもあるのではないでしょうか。

「好き」には
インスピレーションとヒントがいっぱい

「石ってなんか、いいじゃない?」。8~19ページに登場した青木さんの言葉です。日本各地の他、イギリス、フランス、スウェーデンと、旅先でふと気になって拾って帰ってきたという石が、ガラス工房で手に入れた印象的な器に置かれ、窓辺に飾られていました。

20~31ページでご紹介した船越さんは、打ち合わせ中にトールペイントの作品を見せてくださいました。それを見ると奥さまの「これが好き」が、言葉で聞く以上に伝わってきて、その後の素材選びがとてもスムーズに進んだのです。

「がんばって働いてきた自分へのご褒美に」と、50歳で念願のキッチンリフォームをしたWさんも打ち合わせ中に突然、「そうそう最近、この陶芸作家さんが好きで」と、お気に入りの片口を出してこられました。であれば、懸案だったコンロ前の壁はタイルで、この片口の質感にできるだけ近いものを、と一気に決まりました。

拾った石ころもトールペイントも片口も、一見、リフォームとは関係なさそうですが、実はインスピレーションの宝庫。「こんなこと、関係ないしな」「笑われちゃうかな」などと躊躇せずに、ぜひ「これが好き!」を教えてください。

青木さんがこれまでの旅で拾ってきた石の淡いグレーは、庭のリフォームのインスピレーションに。船越さんのトールペイント作品やWさんの片口も、実際のキッチンの収納扉の色や壁のタイルの素材感に生かされることになりました。

／雑談やおしゃべりからわかること／

「オーダーメイドでキッチンを」「全て自由設計でリフォームを」というと、少し構えてしまう方がいらっしゃいます。「私、全然知識がなくて」「もう少し調べて、いろいろ探してみます」。

もちろんそうやって調べることがお好きなら「このウェブサイトを見てみては？」「こんなところに行ってみては？」とおすすめすることもありますが、ほとんどの場合「いえいえ、特に知識は必要ありません。好きなことや好きな場所でもいいし、逆に苦手なものや普段感じているストレスなどについて、ざっくばらんにおしゃべりしましょう」とお伝えします。

お客さま自身が調べたり、いろいろな場所に足を運んだりして「キッチンの扉はこれに」「フローリングはこれを」「ここにはこのタイルを使いたい」と要望を伝えてくださり、それに対して私たちが「はい、かしこまりました」とお応えする流れだと、打ち合わせは一見、スムーズに進みそうです。ところが実のところ、意外と迷走してしまうことがあるのです。

三次元空間である家づくりは、見た目だけでなく使い勝手などの機能や構造的な条件が複雑に絡み合っています。また、素材や色をカタログや小さなサンプルで見て選んでも、実際の空間になるとイメージが違ったということもよく聞きます。一つ一つを単独で選び、後からバランスをとろうとすると、「あちらを立てればこちらが立たず」という状態に陥りがち。そのバランスをあまり気にせずに家づくりを進めていっても、致命的な何かが起こるわけではありませんが、どことなくチグハグな印象になることは否めません。やはり、素材や色を細かく決める際は、ある程度はプロに任せたほうがスムーズにいくことが多いのです。

とはいえ私たちも、勝手に選んだりプランしたりするわけにはいきません。ファッションデザイナーのように「今年のトレンドはコレ！」「うちのブランドは、このデザインが売りです！」と、すでにデザインされたものを打ち出し、それを気に入った人が買うというわけではありません。しかも家づくりは、新築・リフォーム含め、一生に二、三度あるかないかの大きな買い物。そこに住まう人の好みやニーズ、暮らし方に合ったものにすることが、何より大切だと思います。

そこで、前項でもお伝えしたように「こんな感じが好き」「なんだかこれにすごく惹かれる」という写真を集めたり、好きな雰囲気を言葉で教えていただいたりすると、プランニングの際のありがたいヒントになってくれます。

そうは言っても「どんな雰囲気が好きかなんて、改めて聞かれても」「写真を集めるのもけっこう面倒」ということもあります。そこで、ざっくばらんなおしゃべりが効果を発揮してくれるのです。

「お鍋やフライパンは、このブランドが好きなんです」などの情報は、私たちも大好きです。プライベートでちょうど鍋を探しているところだったりして、「使いやすそう！　私もそれにしてみます」となることも。

「最近、手づくり味噌が流行ってますよね」「私も作ったことあります。大豆をつぶすのがけっこう大変で」「ミキサーも使うけれど、意外と足で踏むのが早かったりしますよ」などと味噌づくりの話をしつつ、わりと大きなミキサーをお持ちなんだな、後で詳しく聞かなくちゃ、とか、味噌を寝かせておくスペースはどこにしよう？　などと考えながらおしゃべりします。

　雑談は、なにもキッチンのことに限りません。

「このあいだ、あのお店でご飯食べたんですけど」「あ、私も時々行きますよ。あそこのトイレ、かわいいですよね」。

「そろそろ春物が出ますよね。この後買い物にいこうかと」「いつもは、どの辺でお買い物されるんですか？」

　トイレの話をしつつ、ああ、あんな雰囲気がお好みなんだな、とか、あのお店と似た床材をご提案してみてもいいかも？　と思ったり、春物の洋服の話をしつつ、カーテンはあのブランドがお好みに合うかもな〜などなど、楽しくおしゃべりしながら私たちのアタマは無意識にグルグルと回っているのです。

　ふと気がつくと、いろいろお話はしているけれど、あれ？　今日は何も決まってない？　ということもしばしば。「あ、すみません。またこんな関係ない話ばかりしてしまって」というセリフを、お客さまだけでなく私たちもしょっちゅう口にすることに。

　ところがこの一見関係なさそうな話、雑談こそが家づくりがスムーズにいくための肝なのです。

／オーダーキッチンとオーダーカーテン／

「私たちの会社にカーテンを頼んでもらう意味って、何なんですかね？」創業当時はキッチンの工事だけを承ることがほとんどでしたが、10年ほど経ってリフォームのご依頼が増え、オーダーカーテンも手がけ始めたときに、スタッフから言われた言葉です。

　ショールームに展示しているのはキッチンや洗面、造り付けの家具などがメインで、カーテンはごく一部。素材や縫製の知識が豊富だったり、ファブリックの流行に敏感だったりするカーテンのプロがいるわけでもありません。私たちにカーテンをオーダーしていただくことは、お客さまにとって何がメリットなのかな？

　インターネットで探せば、そこそこ素敵なオーダーカーテンのお店が見つかるし、カーテンをメインにお仕事を展開しているインテリアコーディネーターの方たちもいます。リブコンテンツのスタッフにキッチンのプロが集まっているように、カーテンのプロが集まっている会社も、探せば出会うことができる時代です。

　ところで皆さん、アクセサリーや靴はどこで買いますか？　私は、お気に入りの服のブランドで一緒に買うことが多かったです。靴屋さんやアクセサリー店で、たくさん並んでいる中から手持ちの服に似合う一品を見つけるのが苦手だったし、時間がなかったこともあります。そのお気に入りブランドには相性のいい店員さんがいて、新しい洋服を買うときに靴やネックレスなども一緒にコーディネートしてもらっていました。

　会社から徒歩3分のそのショップに行くだけで、季節ごとの買い物が済むし、好みも予算も把握してくれているし、何よりその店員さんのセンスが好きだったので、とても助かっていました。

　彼女は、靴やアクセサリーの知識は洋服ほどにはなかったと思います。でも、いつも私がどんな服を来ているか、どんなふうに仕事をしているかを知ってくれていました。当時は保育園児を抱えていて「夕方はいつも駅までダッシュなんですよ～」という雑談もしていて、そんな彼女がすすめてくれる靴は、パンプスではあってもやっぱり走りやすかったのです。

　オーダーキッチンの打ち合わせをしていると、いろいろな方面に話題が飛びます。打ち合わせが進むうちに季節も進み、お客さまがいつも着ている洋服も移り変わり、自然とその人の雰囲気を感じつつ、気心も知れてお好みもわかってきます。

「こうしたいです」と話してくれる具体的なご要望以外に、なんとなく感じるその人らしさ。実はこれが、私たちにとっては宝物のような情報です。それが感じられるようになると、山のようなカーテン生地のサンプルを目の前にしたときに、その中のいくつかが自然と浮かび上がってくるから不思議。

　スタッフが担当したお宅のお引き渡しに立ち会うとき、キッチンとカーテン、両者の雰囲気がぴったり合っていると、その人の暮らしに寄り添えたんだなと、とてもうれしい気持ちになります。工事箇所のクリーニングが終わり、窓辺にカーテンが吊るされて、お客さまがその場に現れたとき、お部屋とカーテンの雰囲気が、着ていらっしゃる洋服の雰囲気にあまりにもぴったりで驚いたりすることもあります。

　キッチンとカーテン、一見何の関係もないようなこの二つが、住む人の個性を最も表しているのかもしれないな、そんなふうに思えてくるのです。

／キッチンに立ったときに見える光景／

キッチンに立ったとき、どんな景色を見ていたいですか？

これまでたくさんのお宅の撮影へ、カメラマンとともに伺いました。欲張りな私は、ここもあそこもといろいろなアングルを撮ってもらうことをお願いしてしまうのですが、後から写真を見ると必ずと言っていいほど「キッチンに立ったときに見える光景」を撮ってもらっていることに気がつきました。

それ以来、打ち合わせのときやスタッフが描いたプランを見るときに「このキッチンに立ったとき、何が見えるんだろう」と想像するようになりました。キッチンそのものの色や素材、収納の計画と同じくらい、ときにはそれ以上に、何を見ながらここに立つのか、何を目にしながら時間を過ごすのかが大切なのかもしれない。そんなふうに考えるようになってきました。

キッチンに立ったときに見える、日に何度となく目にする光景。若い頃ならきっと「子どもがお絵かきしている（ときにはいたずらしそうになっている？）様子を見ながら料理したい」などの思いがメインだったかもしれません。時計の針とにらめっこしながら、つけっ放しのＴＶから流れてくる夕方のニュースを横目に慌ただしく夕飯の支度をするには、リビングに向かう対面キッチンが便利だったことでしょう。

でも、家族がみんな、それぞれ自分の時間を過ごす

ようになったら？　一人でここに立ったときに、いつも何を見ていたいだろう？　リフォームするときに、そんなことを考えながらプランを眺めるのも、また楽しいのではないでしょうか。

数年前、スタッフの一人が中古マンションを購入し、念願のフルリフォームをして、理想と言える住まいを手に入れました。彼女は、その築20年のマンションの内覧に訪れ、使い古されたキッチンの横にある小窓を見たとき、「ここに住もう」と決めたそうです。「ここに向かってシンクをつくって、お気に入りのペンダント照明を下げて、外を眺めながら料理をしよう」。

それは、数え切れないほどたくさんのキッチンをつくってきたベテランである彼女の直感でした。大好きな景色がそこにあるなら、それを十分に楽しめるキッチンをつくる、見たい光景にキッチンを合わせる。それは私たちがずっとやってきたことでもあります。

キッチンに立つたび、なんだかじわっと幸せな気持ちになれることは、実は何よりも大切なことかもしれません。収納のしやすさや料理や後片付けの動線のよさもちろんですが、いつも目にする光景のこともぜひ、考えてみてください。

風と光を感じ、花を飾る、心豊かな暮らし

ここまで、オーダーキッチンやインテリアリフォームのことをいろいろ書いてきた私が言うと元も子もないですが、実はリフォームなんてしなくても、心豊かな暮らしは実現できます。今日からすぐにできることを挙げるなら、季節を身近に感じて暮らすこと、暮らしに花を取り入れることでしょうか。

普通すぎて拍子抜けするかもしれませんが、この2つの効果は予想外に高く、ちょっとやってみるだけで、驚くほど生き生きと楽しく過ごせるようになります。

庭の木々を眺められる大きめの窓があるなら、その窓に向かって料理ができるように、キッチンをリフォームするのももちろんいいですが、そこまで大掛かりでなくとも大丈夫。お茶が飲める小さなテーブルや在宅ワーク用のデスクを窓辺にレイアウトするだけでも、季節感は十分感じられます。

マンション住まいなら、バルコニーや窓際にグリーンを置いて、外とのつながりを意識するのもいいでしょう。家具のレイアウトがきっかけで、今まで思いつかなかった過ごし方のアイディアが浮かんだり、新しく買う家具の選び方が変わったりするかもしれません。

キッチンに立ったときに見える光景の大切さとも通じますが、無意識に見ているもの、感じているものから幸福感を感じること、それが積み重なることの大切さを知ってもらえたらいいな、と私は常々思っています。

窓の外からは、鳥の声も聞こえてきます。エアコンのために一日中閉め切っていてはもったいない！　朝起きたらまず窓を開け放ち、部屋の空気を入れ替えて一日をスタートしましょう。毎朝の習慣にすれば、季

節の変化が空気の匂いで感じられます。この「朝一番の空気の入れ替え」は、風水的にもとてもいいそうです。風と光を感じ、緑を眺めて暮らす気持ちよさ。せっかく四季の彩りが豊かな日本に住んでいるのだから、もっと季節の移ろいを感じて暮らしたいですね。

　お花屋さんの花は、庭の木とはまた違った感覚で、季節を感じ取れるのがいいところ。花を買って帰ると、慌ただしい日々の中でも、気持ちに余裕が生まれ、ほっこりとした時間を持つことができます。

　ところが、暮らしに花を取り入れることは、実践するとなると忙しい毎日、なかなか大変。「切り花は水を替えるのが面倒で……」。はい、その通りです。

　そんなとき思い浮かんだのは、数々のお客さまのお宅。撮影などで伺うどのお宅でも、必ずと言っていいほど、お庭やバルコニーから採ってきた花が、さりげなくキッチンに飾られています。水替えを面倒に感じていた私は、そうか、なるほどと納得しました。

　食洗機があっても、水を飲んだだけのグラスをさっとすすぐことは日に何度かあるもの。そのついでに目の前の花瓶の水を替えるのは、わずか1分ほど。これなら習慣になればクリアできそうです。そう、花を飾るなら、気軽で長続きするキッチンが一番です。

　キッチンに花を飾るもう一つのメリットは、花の周りがなぜか自然に片付くこと。ついついカウンターの上にいろいろとものを置いてしまう、狭くて散らかっていて花なんてとても、という人にこそ「キッチンに花」はおすすめです。小さな空き瓶でもいいので、ぜひ今日から花を飾って、その効果のほどを感じてみてください。

　そろそろ自分の時間を確保しながらゆっくり暮らしたい、と思い始める年頃の私たち。決して無理はせず、窓を開けてキッチンに花を飾って、前より少しだけ豊かな気持ちで暮らしたいと思うのです。

キッチンをつくるという仕事

キッチンはあくまで裏方

ＬＤＫの真ん中に、家族や友人と一緒に料理やお菓子づくりを楽しむ大きなアイランドキッチン。壁面の半分以上を占める充実のキッチン収納。こうした、キッチンが中心といえる家づくりを手掛けることの多い私たち。実際に「家の中心がキッチンです！」という謳い文句で、ブログやホームページでも、「キッチンが主役」のようなお宅をたくさんご紹介していますが、実は「どこまでいってもキッチンは裏方」という意識を持っています。言い方を変えれば「裏方こそが中心であるべき」と思っているのです。

／特別と日常と／

さまざまな道具や食材、調味料が並び、日に何度も水や火や油が飛び散り、量も種類もたくさんのゴミが出るキッチン。どうしても汚れ、傷つき、時には乱暴に扱われ……私は料理中、ついつい膝で押して引き出しを閉めたりしていますが、皆さんはどうですか？ジャーッと水を流しつつカチャカチャと音をたてて鍋や食器を食洗機に入れていると、オンラインレッスン中の娘から「うるさいよ」。夏場、生ゴミの水を切ってゴミ箱を開けた途端、「なんか臭くない？」と言われる始末。乱暴に扱われ煙たがられ、とてもじゃないけれど主役とは言えません。

当たり前すぎて忘れられがちですが、主役はあくまで使う人、そこで生まれる料理、そして食べながらの会話や笑顔。キッチンは、それらを支えるために日々がんばってくれる裏方の存在なのです。

　でも、裏方だからこそ動線が大切だし、見せたくないものも多いので収納の計画も重要。毎日多くの時間を過ごすのだから、気持ちが上がる工夫も必要。キッチンは最高に使いやすく、最高に頼もしく、最高に大切な存在であるべきだと思います。

　オーダーキッチンというと、「オーダー」という言葉の響きから、高級、特別と誤解されがちですが、実のところは裏方なので、高級も特別もありません。裏方だからこそ、ずっと大切に使うために、機能や素材やデザインにもこだわって、愛着の持てるものに。裏方だからこそ、ツーといえばカーという、唯一無二の相棒であってほしい。それこそが、キッチンをオーダーする意味だと思います。

特別と日常をなめらかにつなぐ存在

　さて、裏方が表舞台に飛び出す日と言えるのが、リフォーム見学会。オーダーキッチンは、実物を見て「これください」とはいかないので、すでにリフォームし、オーダーキッチンを実際に使っているお宅に伺い、使い手であるオーナーの生の声を聞く見学会を、年に数回開催しているのです。

　毎回人気のこのイベント、あるとき参加者の方から、こんな感想をいただきました。

「ハレとケをつなぐ、特別と日常をつなぐ、それをなめらかにするのがオーダーキッチンなんだと感じました。オーダーするという行為には理想や特別、気持ちが上がるなど「ハレ」の部分もあるけれど、キッチンは使い始めた日から日常（つまり「ケ」）になるので、溝がどうとか、掃除がどうとかの小さな摩擦（ストレス）が起きないよう目配りしてデザインできるかが、長く付き合うキッチンにはとても大事なのだと思いました。華やぐだけ、機能的なだけ、というキッチンは既製品にもいろいろあるのかもしれませんが、そのいいとこどりで、浮き立つ気持ちも、何気ない心地よさもある。なめらかに暮らしに添わせるオーダーキッチンは、オーダーした包丁が初日からいきなり長年連れ添ったように手になじむのにも似ている気がします」。

見学会で皆さんに「素敵！」とほめられるキッチンを見守っていると、表舞台に立って主役を演じる我が子を見ているような気分になりますが、そんな中「キッチンって日常なんだ」と感じてくださったことに、とても感激しました。

個人的には「溝がどうとか、掃除がどうとか」が一番うれしかったフレーズ。打ち合わせでは、この「○○がどう」とか「△△がどう」とかが多いのですが、これこそがオーダーキッチンの醍醐味。細かい打ち合わせは仕事としては大変な部分だけれど、自身も主婦であり日々キッチンに立つスタッフたちは、ここを楽しんでいるようにも見えます。「ああでもない、こうでもない」とたくさんのやり取りを経て、その人だけのキッチンが出来上がっていきます。

実例から見えてくるのは、その空間をつくり上げるためのストーリー。見学会で先の参加者の方は、にじみ出るそのストーリーを、その場に立って感じてくださったのでしょう。となると、そこで料理するお客さまは、その「にじみ出ている」ものを日々感じながら過ごしているんだな。そう思うとますます、一つ一つ心をこめてプランせねば、と身の引き締まる思いです。

続けることの大切さ

経営者のインタビュー記事などでよく「座右の銘は？」という質問を目にします。私自身は、まだまだそんなインタビューを受けるほどの経営者ではなく、この質問をされたこともないのですが、妄想癖のある私は時々（もし聞かれたら、なんて答えようかなぁ）と、いつか来るその日のためにシミュレーションしています（笑）。

答えは、やっぱり「継続は力なり」でしょうか。

数年前、キッチンを納めてから15年近く経ったお客さまのお宅へ伺う機会がありました。十数年ぶりのご相談は、「レンジフードが全然煙を吸い込まなくなってしまって」。どうやらすでに廃番で、部品もないようです。「だいぶ汚れているので、新しいものに交換したほうがいいかしら。どういう機種が合うのかわからないので、見に来てもらえれば」とお客さまのＫさん。またお声をかけていただけることがとてもうれしく懐かしく、ありがたい気持ちになりました。

伺ってみると、フードは現役で活躍中で、交換するにはもったいない状態。煙を吸わなくなっている原因は、外に排気するまでのダクト（空気を吸い上げる管）にあるようでした。十数年経っているので、これは致し方ないこと。こちらはキッチンではなく、マンション自体を工事した工務店さんのお仕事の範疇なので、さっそく工務店さんへ電話をかけました。しかし案の定、当時の担当者は退職しており、電話口の人も「もう資料がなくて……」と埒が明かず。とはいえここで

「わかりました、それではまた」というわけにもいきません。粘りに粘ってああでもない、こうでもないとやり取りしつつ、なんとか設備業者さんに見に来ていただけることになりました。とりあえず、レンジフードを買い換えずに解決しそうで、ほっとひと安心。

　このKさん宅のキッチン工事を担当した当時の私は、なんとなく流れで独立起業という形をとってはいたけれど、結婚して少し経った頃でもあり、気持ちのどこかで子どもができたら辞めようか、と気楽に考えていたように思います。もちろん日々真剣に仕事はしていましたが、ＰＣ机と電話一台の仕事場で、まさに「身一つ」という感じ。まだスタッフもおらず、今と違って背負うものも小さく、いつ辞めても誰も困らないと考えていた気がします。

　そして十数年経ち、こうしてメンテナンスの依頼を受けて思うこと。あの後少しして「や～めたっ」となっていたら、今回の件はどうなっていただろう……。もちろん、探せばいくらでも、レンジフード交換業者も設備工事業者もいます。でもすでに当時、お仕事をリタイアされていた世代のKさんが、今回の件で業者さんを自力で探せたかどうか。

「好きだから」と、気楽な気持ちで始めたこの仕事ですが、モノがモノだけに「ずっと続ける責任」「会社が存続する責任」を感じて帰ってきたのでした。

現場では、監督さんや大工さんの他、水道や電気、数々の職人さんと調整を重ねます。お願いごとの多い仕事なので、なるべくやわらかさを忘れずに。

／幸せな仕事／

キッチンの仕事は天職？

父の転勤や学校の関係で引っ越しが多かった我が家では、私が小学校を卒業する頃に、3軒目のマイホームを建てることになりました。1軒目は生まれて間もない頃、2軒目は幼稚園児だったのでほとんど記憶がないのですが、3軒目のときは、設計図を見ながら家族であれこれと話し合って、そのたびに設計士さんがプランを描き変えてくれ、打ち合わせがとても楽しみだったことを覚えています。自分の部屋のカーペットや壁紙、照明を選んだこともいい思い出です。思えばこの経験が、建築学科という進路を決めるきっかけだったのかもしれません。

就職時期はバブル真っ只中だったので、流れに身をまかせ大手の建設会社に入社。たくさんのことを学ばせてもらいつつ、家づくりへの想いは私の中で消えることがなく、2度目の転職で出逢ったのがオーダーキッチンの世界でした。

慣れないキッチンの図面を描くようになってしばらくして、思い出したことがありました。中学生の頃の家庭科の授業で「キッチンの設計」というテーマがあり、寸法や動線という考え方を学び、実際にキッチンを設計する課題が出て、方眼紙を前にどうしようもなくワクワクしたことが、走馬灯のように浮かんできたのです。建築学科に進もうと考えていた頃には全く思い出さなかったのに、不思議ですね。

この件を思い出したことで、キッチンの仕事が天職だと感じるようになりました。以来20数年間、独立してからはちょうど20年、飽きることなくずっと、同じ仕事を続けています。本当にありがたく幸せなことだと思っています。

幸せな人を増やす幸せな仕事

創業以来ずっと「実際に使えるキッチンショールームがほしい」「いずれはライフスタイル全般を提案する企業に」「そのためには、内装から全て自由になる、一からつくれる自社の建物を」と考えていました。夢が叶い、東京・目黒の八雲に移ることになったのは２０１５年の春、ちょうど創業15周年。移転はその1年後でしたから、創業以来、丸16年。ずいぶん時間がかかりました。

最近では省略されることの多い上棟式ですが、ここまで無事に工事が進んだことへの感謝と、建物が立ち上がり危険なことも増えてくる現場の安全を願う、大切な区切りの式。簡単ではあっても、執り行いたいと思い、日曜日でしたがスタッフにも集まってもらいました。

式後の食事会の席では、スタッフそれぞれから仕事に対する想いを発表することに。

みんな、この仕事が好きでやりがいを持って働いてくれていて、何よりお客さまの暮らし、お客さまの笑顔を一番に考え、日々仕事に邁進している。一人一人の熱い想いに、私もときに涙腺が……。

「仕事が趣味と言うと、そうなの？　つまらなくない？　と言う人もいるけれど、趣味と言えるくらい好きなことを仕事にしているって、こんなに幸せなことはないと思うんですよね」

と、最古参のスタッフ。

人生のうち、寝ている以外の時間の半分以上を過ごすであろう仕事。そんな仕事が大好きなことだとしたら、本当に幸せなことです。

もちろん、仕事になった時点で「家づくりが楽しい」「キッチンが好き」「インテリアが好き」という「見ている側」にいたときには想像もつかないことが起こります。全く次元の違う大変さが、それはもう雪崩のごとく押し寄せてきます。でも、それらを全部ひっくるめて、その大変さの先にある、みんなでつくり上げた空間、お客さまの笑顔、そして、お客さまのこれからの暮らしがあると思うと、本当にこんな幸せな仕事はないとつくづく思うのです。

家づくりに携わることは、その人の人生の中で、前向きで、ある意味勢いのある時期に、伴走させていただけるということです。そして思い通りの家が手に入ったことで、その勢いは増し、ますます前向きに、笑顔が増え、幸せになっていく姿をすぐそばで見ることができます。さらに、それを見ている私たちも幸せになる。大げさでなく「幸せな人を増やす仕事」だと思っています。

16歳のピカピカキッチン

先日「お仕事の中で、何をしているときが一番好きですか」と聞かれました。あれこれ楽しく打ち合わせしているときや、お客さまの笑顔が見られるお引き渡しのとき、ウェブサイトや本のための撮影もうれしい時間だなぁ……といろいろ頭に浮かび、とっさに答えられなかったのですが、後になって「そうだ、これかな」と思ったことがあります。

それは、年に2回ほど定期的に開催している「オーナー様交流会」。創業以来のお客さまに声をかけて、ショールームの大テーブルにゆったり座れる人数で集まって、お茶とお菓子を召し上がっていただきながらおしゃべりする時間です。

会の趣旨としては、昔からのお客さまがそれぞれ「気にはなってきたけれど、こんなものかな……」と思っている疑問にお答えすること。わざわざメンテナンスを頼むほどではないけれど、長年使っていると出てくる、気になる部分や「他の皆さんはどうなのかな？」という疑問をざっくばらんに聞かせていただき、小さなことならその場で、大きなことはメンテナンスを手配して解決したいというのが、目的の一つです。

20年30年と住み続ける家、使っていくキッチン。それを提供している私たちも20年30年のお付き合いになります。そうは言っても工事が終わると、だんだん連絡が途絶えがちなのは当然のこと。プラン中や施工中に、お客さまとすっかり仲良くなることも多いスタッフや私にとって、昔のお客さまと会えるこの会はとてもうれしく楽しい有意義な時間で、この司会進行は、一番好きな仕事と言えるかもしれません。

ある日の会の最古参は、２００３年にお引き渡しをしたTさんでした。担当はもちろん私。最初にご相談にいらした２００１年は創業2年目で、スタッフは私しかいませんでしたから。

ご主人単独でのご参加にちょっと驚きつつ、開始前にご挨拶と立ち話をしました。昔と変わらない優しい笑顔を見ると、タイムマシンに乗って当時に戻ったようです。

「いつもおハガキありがとうございます。16年経ちますが、本当に使いやすくて感謝しています」「そうか、もうそんなに経つんですね」「今日は田原さんに一言、ご挨拶がしたくて来ました。家内も一緒に来たかったんですが、実は6年前に……亡くなりまして」。

「えぇっ！」（多分、声になっていなかった。絶句する、とはこのことでした）「未だに立ち直れていなくて。ご報告が遅れてすみません」。

ある日突然、急逝だったそうです。衝撃を受けて、頭が真っ白になりました。数メートル先ではスタッフが時計を指して（そろそろ）とアイコンタクトを送ってきています。そうだ、とにかく今から始まる交流会の間に、泣いてはいけない。まずは心を無にして……そんな修行はしていないけれど、どうしよう。

会の始めの自己紹介で、Tさんがお話しされました。笑顔で「今日は交流会ということで、田原さんにご挨拶だけのつもりだったんです。こんなふうに座って皆さんと語り合う会だったとは！　男性一人、場違いですみません。どうなることやら」と皆さんの笑いを誘うシーンもあり、私もようやく少し平静さを取り戻すことができました。

その後のおしゃべりにも積極的に参加してくださっ

て、会は終始和やかに進みました。後半、参加者の皆さんが「我が家のキッチン自慢」をする中、Tさんからのご自慢は「今でも本当に新品みたいにきれいで、カウンターも真っ白ですよ。困ったところも変えたいところも全くありません。家内がとても気に入って毎日楽しそうに使っていました。本当に毎日ピカピカにして使っていました。なので私も今、楽しくきれいに使っています」。

16年といえば、既製品のキッチンならちょうどそろそろ限界、リフォーム適齢期。場合によってはボロボロということもある年数です。「一生モノ」のオーダーキッチンでも、なかなか年季の入った様相になってきます。そんな年数を日々、ていねいにていねいに使ってくださって……。

当日の夜、一人になってからTさんの言葉が頭にこだまし、涙が止まらなくなってしまいました。会の間、いったいどんなお気持ちだったろうと思うと、さらに込み上げてきて。

終了後、「本当に新品みたいですよ。ぜひ見に来てください」と最後まで笑顔でいてくださったご主人。はい、絶対に伺います。ピカピカの16歳のキッチン、見たいです。そして奥さまにお礼を言わせてください。「たくさん可愛がってくださって、本当にありがとうございました。これからも、こうして可愛がっていただけるキッチンを、一つ一つつくっていきたいと思います」。

／ふるさととのつながり／

この本を読んでくださっている方のうち、どれくらいが故郷を離れて暮らしていらっしゃるでしょうか。進学や就職、結婚や転勤で、生まれ育った場所を離れる機会は、昔と比べると多くなっています。私も大学進学と同時に実家を離れ、もう30数年が経ってしまいました。30年というのは本当にあっという間ですね。20代の頃は、帰郷の機会も頻繁にありましたが、30代40代は、同級生たちも自身の仕事や生活に忙しく、だんだんと疎遠に。ところが、50代に入ると再び交流が始まりました。

大人になってからの地元の友人たちとの交流は、昔は何もないと感じていた町が、たくさんの魅力にあふれる場所だと気づかせてくれます。歴史ある街並がそこかしこにあることに気づいたり、高校生では知り得なかった、美味しい日本酒が飲めるお店の宝庫だという情報も。人生の折り返し地点、故郷の魅力を再発見しつつ、これまでのご縁を振り返る年齢になってきたのかなと感じています。

56〜67ページでご紹介した同級生の堀井美香さんのキッチンリフォームをさせていただくことになったのも、そんなご縁の一つでした。歳を重ねるって、大人になるっていいな、と、若い頃から知っている彼女の素敵な暮らしぶりや、料理をしているときの笑顔を見て感じました。

そんな彼女が、素敵なガラス器を見せてくれました。ふるさと・琵琶湖の水草を灰にしてガラスの中に溶け

「Biwaco iRo」の器に、美しい湖の色をイメージしたあじさいを生けて。同郷の友人への、これ以上ないおもてなしです。

込ませたら、美しく優しい琵琶湖の色に発色した「琵琶湖彩～Ｂｉｗａｃｏ ｉＲｏ」という作品です。

「琵琶湖の水草は、増えすぎると環境に悪影響を及ぼすので、刈り取って肥料などに再利用されていますが、その水草を利用したガラス作品は、水草そのものの色ではないのに、水草に含まれる鉄などのミネラル成分とガラスの成分が融合して、きれいな淡い緑色が出ています。滋賀生まれ、滋賀育ちの私にとっていつも身近にある琵琶湖。その色を映したガラス器の、癒される美しさに見とれます」と堀井さん。

私自身は、父の転勤で滋賀に移り、住んでいたのは3歳から19歳まで。生まれ育って今も暮らす彼女と比べると滋賀とのつながりは薄いのですが、それでも幼少期から高校卒業まで過ごした地は、自身の原点だと感じています。離れて30年以上が経った今でも、滋賀に帰って琵琶湖を眺めると、懐かしさとなんともいえない温かい気持ちがこみ上げてきます。

32～43ページに登場した蔵田さんも青森の器を大切にされていたように、ふるさとを感じるものをそばに置く暮らしは、歳を重ねたからこその豊かさと思います。

20年近く前に父が他界し、母は自身の故郷である東京に戻ってきたため、実家はもうありません。親類縁者もいないので、滋賀に帰る機会はほとんどなくなってしまいました。ところが、同級生の家をリフォームさせてもらうというありがたいご縁で、またときどき琵琶湖を見に行くことができるようになりました。そんな機会をくれた彼女には、心から感謝しています。

この本の撮影時には、当時、堀井邸を担当してくれた元スタッフも駆けつけてくれました。実は彼女は、このときのご縁で、なんと滋賀に嫁いだのです。お相手は、堀井邸の工事でお世話になった若き大工さん。

「いったいいつから？」「だって（下見と工事立ち会いの）2回しか会ってないよね？」

とびっくりする私に、堀井さんは「初日からいい感じだったよ～」とニコニコ。キューピッドは堀井さんだったのかもしれません。

こうして結婚を機に東京を離れることになった敏腕スタッフと、断腸の思いでいったん別れましたが、その後もご縁をいただき、関西での仕事を担当してもらうことになりました。思わぬ展開で故郷との縁をつないでくれている元スタッフにも、感謝する毎日です。

最終章　自分の舟で、楽しみながら漕いでいこう

オーダーキッチンとリフォームの会社、リブコンテンツを始めて数年経った私の30代後半は、休みを取ることはもちろん、寝る間もないほど日々の仕事に追われていました。

そんな時期、二人の素敵なマダムのお宅のキッチンをつくらせていただいたことがありました。お一方は桁違いの会社経営者で、離婚後独身に。その方から紹介されたもうお一方は、大きな病院を経営するご主人を支える奥さま。立場は違えど仲の良い友達同士のお二人。ごくたまに三人で打ち合わせをすることもあり、お二人のオーラと話の内容にいつも圧倒されていました。

よほど私が忙しそうだったのか、お二人からある日、ちょっといたずらっぽい笑顔でこう言われました。

「田原さん、今、大海原で遠くに見える島に向かって、必死で舟を漕いでる気分じゃない？」「あそこまで漕げば、きっとゆっくりできるって思ってるよね？　そして私たちがその島に辿り着いたように見えるでしょ」。

お二人の話を羨望の眼差しで聞いていたのを見抜かれたのでしょうか、確かに言われた通りでした。

「ところがね、実は私たちも今でも必死で漕いでるのよ」「そうそう、島なんてないからね〜。残念ながら（笑）」「まぁ、それがまた楽しいってことよね」。

「え？　そうなんですか？」と相づちを打ちつつ、内心は「いやいや、そんなわけないでしょ。お二人はどう見ても目指した島に着いて、浜辺に寝そべってのんびり海を眺めている。このままがんばって漕げば、私

もいつかは……」とぼんやり思ったことを覚えています。

ずっと遠くに見えた、人生の大先輩のお二人は、今にして思えば確か50代前半でした。今、自分がその歳になってみて、いや、少し超えてみて思ったことは、「ホントだ！　島なんてなかった！」ということ。人生はずっと海の上にあり、舟を漕ぎ続けるものだったのか、と気づいたところです。

でもそろそろ、漕いできた海がどんなだったか、これから向かうのはどんな海なのかを、少し振り返って眺めたいと考えるようになってきました。

これまではこの舟でよかったけれど、これからは？　そろそろ漕ぎ方を変えてみようか？　長年付き合ってきた自分の舟をメンテナンスしたり、カスタマイズしたり、場合によっては乗り換えたくなったりするかもしれません。舟はその人その人で、そしてその時々で「住まい」だったり、「仕事」だったり、「人間関係」だったりします。今まで必死に漕いできたからこそ、自分に合う舟がよくわかってきたし、理想の舟への想いやイメージも若い頃より具体的に持てるように。若い頃は試行錯誤しながらいろいろな漕ぎ方をしていたけれど、今なら、自分の漕ぎ方がある程度わかっています。

これからも美しい海を眺めながら、朝日や夕焼けで刻一刻とその色を変える空を見上げながら、さらに楽しく漕いでいくために、そろそろ私も、自分の舟をじっくり見てみようと思っています。

皆さんの舟は今、どんな感じですか？　自分自身にぴったり合った、最高の相棒になってくれていますか？

幻の島と同じく、完璧な舟なんてないかもしれません。でも、せっかくなら自分によりフィットした乗り心地（漕ぎ心地？）のいい舟にして、これからも楽しみながら漕いでいきたいですね。

あとがきにかえて

「キッチンを通じてたくさんの人の暮らしを見てきた
田原さんだから書ける話を書いて、
この年代の人たちに読んでもらえる本をつくりませんか？」
そう声をかけていただいたとき、個人的にも好きでよく読んでいた、
暮らし分野のエッセイ本が、いくつか浮かびました。
憧れのあの人の考え方、真似したい暮らしの工夫になるほどとうなずき、
いつかは私も、と思い描きながら読んでいたあの本たち。
ところが歳を重ねるにつれて、そういった本を読むと
なぜか気持ちが沈むように。
本屋さんに並ぶこうした暮らしのエッセイは大抵、
メディアに取り上げられるような活躍をしている人が書いたものです。
いくら読んでも、いつまで経っても、

本の中の暮らしにはなかなか近づかない現実。
この人たちのように暮らせれば、それはそれは素敵だけれど……。
無意識に「向こう側の人」という
気持ちの壁ができてしまっていたような気がします。

そんな思いもあり、この本では「向こう側のあの人」ではなく、
もっと身近な、普通に暮らす人の素敵な暮らしを紹介したいなと思いました。
オーダーキッチンとリフォームの会社を20年やってきた私の周りには、
暮らしが変わるタイミングに思い切って住まいをリフォームしたことで、
人生が新しい展開を迎えたり、より自分らしく暮らせる日常が始まった、
素敵な「普通の」方々がたくさんいます。
冒頭でご紹介した5組のご家族のストーリーと、
住まいと暮らしにまつわる私の日々の想いから、
これからの私たち世代の暮らしのヒントが得られる一冊になっていたら、
うれしく思います。

2020年、世の中は大変な事態となり、
思いがけず家にいる時間が長くなって、
家で過ごす時間の大切さを再認識することとなりました。
不要不急の名のもとに、
しばらくショールームを閉じていた期間もありました。
でも家を快適にととのえることは、決して不要なことではなく、
急ぎではないけれど、早ければその分、快適な毎日が早く手に入るのです。
本当は残り半分を切った人生にとってはむしろ
「急ぎ」のことかもしれないと思っています。

一人でも多くの人に
「オーダーキッチンではじまるここちよい暮らし」を届けたい。
ずっと同じ気持ちで、いろいろなお仕事をご一緒してきた
同世代の田村敦子さんと二人で、この本が書けたことは最高の喜びです。
長い道のりの伴走、ありがとうございます。
幸せな家族の光景を撮るならぜひこの人に、

と今回も原野純一さんに声をかけました。数々の素敵なシーンが、
きっと読む人を幸せな気持ちにしてくれることと思います。
実例として登場してくださった5組のご家族、
それ以外にもたくさんのヒントをくださった、20年の間に出逢った
お客さまたちには、お礼の言葉が見つかりません。本当にありがとうございます。
光文社の加藤ゆかりさん、デザイナーの若井裕美さんをはじめ、
この本の制作に携わってくださった方々、
「3冊目の本を早く出したい」と願い続け、応援してくれたスタッフたち、
夜中に原稿と悪戦苦闘する姿を温かく（ときに冷たく？）
見守ってくれた家族にも、心から感謝しています。
この本を手にとってくださった皆さんにも感謝の言葉を。
そして皆さんの「これからの私、暮らし、そして住まい」が、
より豊かなものとなることを願っています。

２０２０年　夏の終わりに

リブコンテンツ　田原由紀子

Staff

撮影　原野純一

ブックデザイン　若井裕美

タイトル　藤崎晶子

構成・編集　田村敦子
(VivStudio & Co.)

田原由紀子　たはらゆきこ

株式会社リブコンテンツ代表取締役、一級建築士。早稲田大学理工学部建築学科卒業後、建設会社に入社。設計事務所勤務を経てオーダーキッチンの会社へ転職し、2000年に独立。2002年、恵比寿にショールームをオープンし株式会社リブコンテンツを設立。社名の「LiB」は「Life is Beautiful」の頭文字で、オーダーキッチンを中心としたインテリアリフォームを手がけ、延べ件数は創業以来20年で600件に上る。2016年、目黒区八雲に新社屋を建設し体験型の新ショールームをオープン。暮らし全般に関わるコンテンツを提供するライフスタイル提案型企業として新たなスタートを切る。

愛《あい》せるキッチン、愛《あい》する暮《く》らし

50代《だい》からの私《わたし》らしい住《す》まいと暮《く》らし方《かた》

2020年10月30日　初版第1刷発行

著者　田《た》原《はら》由《ゆ》紀《き》子《こ》

発行者　田邉浩司

発行所　株式会社　光文社

〒112－8011　東京都文京区音羽1-16-6

電話　編集部 03-5395-8172　書籍販売部 03-5395-8116

業務部 03-5395-8125

メール　non@kobunsha.com

落丁本・乱丁本は業務部へご連絡くだされば、お取り替えいたします。

組版　萩原印刷

印刷所　萩原印刷

製本所　榎本製本

ISBN978-4-334-95196-2